Reihenhäuser / Doppelhäuser

14
20
26
30
36
40
44
48
54
60
64
68
72
76
78
82
88
92
96
102
106
110
114
118
122
128
134

Johannes Kottjé

# REIHENHÄUSER DOPPELHÄUSER

Mit Architekten kostengünstig und hochwertig bauen

Deutsche Verlags-Anstalt München

# Inhalt

76 Unger & Treina AG, Zürich
Groß und nützlich Doppel-Einfamilienhäuser in Geroldswil

78 Quick Bäckmann Quick & Partner, Berlin
Qualität statt Quantität Siedlung in Berlin

82 Karampour & Meyer, Ahnatal
Kostengünstiger Charme Reihenhauszeile in Kassel

88 Schubert und Seuß, Darmstadt
Innig verschlungen Verschachtelte Einfamilienhäuser in Dreieich-Buchschlag

92 Hirschmüller Schmidt Kaschub, Darmstadt
Regal mit Rucksack Doppelwohnhaus in Mühltal-Trautheim

96 Atelier Prof. Niklaus Fritschi, Benedikt Stahl, Günter Baum, Düsseldorf
Ungleiche Schwestern Einfamilienhäuser in Düsseldorf

102 Thomas Bamberg, Pfullingen
Naturverbunden Wohnbebauung in Pfullingen

106 Johannes Kaufmann Architektur, Dornbirn
Passiv variabel Wohnriegel in Dornbirn

110 Straub Beutin, Berlin
Eingepasst – nicht angepasst Doppelhaus in Berlin

114 Albert Wimmer, Wien
Gemeinschaftliche Individualität Wohnsiedlung in Harbach

118 Hempel & Hempel, Wien
Verdichtet-Intim Atriumhäuser in Wien

122 Abdelkader Architekten, Münster
Erweitertes Doppelhaus Dreispänner in Münster

128 Jürg Graser, Zürich
KunstHaus Atelierhäuser in Luzern-Emmenbrücke

134 Steinmann & Schmid Architekten, Basel
Purer Purismus Doppelhaus in Münchenstein

142 Architektenverzeichnis und Fotografenverzeichnis

# Vorwort

Reihen- und Doppelhäuser sind architektonisch anspruchsvolle Einfamilienhäuser in kostengünstiger, verdichteter Bauweise – zumindest die in diesem Buch vorgestellten Bauten. Und darin unterscheiden sie sich auf wohltuende Weise von den vielen 08/15-Reihenhaussiedlungen landauf, landab. Beispiele mit Zukunft, denn Bauland wird stetig knapper und teurer, die Beliebtheit städtischen und Stadt-nahen Wohnens nimmt zu. Die Projekte aus Deutschland, Österreich und der Schweiz repräsentieren beim Entwurf und Bau von Reihen- und Doppelhäusern Machbares: in architektonischer wie städtebaulicher Hinsicht durchdachte Lösungen für eine nur scheinbar banale Planungsaufgabe, deren besonderer Reiz gerade darin liegt, trotz meist enger Vorgaben qualitätvolle Architektur entstehen zu lassen. Nicht ohne Grund nehmen sich auch bekannte Architekten immer wieder dieser Aufgabe an.

Die Beispiele zeigen zudem die Breite des möglichen Spektrums des Themas »Reihen- und Doppelhäuser«: vom Siedlungs-Neubau auf der grünen Wiese bis zum innerstädtisch eingefügten, einzelnen Doppelhaus, vom besonders kostengünstigen 90-Quadratmeter-Haus bis zur großzügigen Doppelvilla, vom Pultdachbau bis zur architektonischen Skulptur reicht die Palette, neben Neubauten wird ein faszinierender und höchst überraschender Umbau präsentiert.

Nicht bei jedem der vorgestellten Bauten und Siedlungen zeigt sich die besondere Qualität auf den ersten Blick. In einigen Fällen verbirgt sie sich durchaus hinter einer zumindest scheinbar konventionellen Hülle, sei es beispielsweise in Form eines besonders gelungenen Raumkonzepts oder einer ungewöhnlich sorgfältigen Detailgestaltung. Entscheidend für die Auswahl der Projekte war hingegen nicht vordergründige Extravaganz, sondern das Vermögen der Entwürfe, als praktische Anregung für Architekten, Bauherren und Bauträger dienen zu können, in Gesamtheit oder partiell. Noch viel mehr als beim frei stehenden Einfamilienhaus »auf der grünen Wiese« wurde die Gestaltung vieler der vorgestellten Projekte von äußeren Faktoren beeinflusst, musste sich städtebaulich kniffligen Situationen oder besonders engen Kostenrahmen unterordnen. Eine spannende Herausforderung, der sich die jeweiligen Architekten und – nicht zuletzt – ihre Bauherren mit überzeugenden Ergebnissen stellten.

Mit wertenden Kommentaren hat sich der Autor in den erläuternden Texten bewusst zurückgehalten. Einige besonders positiv auffallende, zur Nachahmung empfohlene Punkte werden herausgestellt, ansonsten beschränken sich die Texte auf Beschreibungen und geben dem Leser die Möglichkeit, sich aufgrund der durch Wort und Bild erhaltenen Informationen eine eigene Meinung zu bilden. Denn Architektur ist die Symbiose von Kunst und Funktion – und beides ist in weiten Bereichen nur subjektiv und situationsabhängig zu bewerten.

Johannes Kottjé

# Einleitung

Links: Das Bauhaus-Gebäude in Dessau, 1925 nach einem Entwurf von Walter Gropius fertig gestellt.
Rechts: Jacobus Johannes Pieter Oud plante 1927 eine bemerkenswerte Reihenhauszeile für die Weißenhofsiedlung in Stuttgart.

## Anmerkungen zur Geschichte des Reihenhausbaus

*Gartenstädte und Arbeitersiedlungen*
Üblicherweise versteht man unter Reihen- und Doppelhäusern baugleiche oder ähnliche Einfamilienhäuser, die ohne Abstand unmittelbar aneinander gebaut werden. Populär wurde diese Bauform erstmals im 19. Jahrhundert, als im Zuge der Industrialisierung Gartenstädte und Gartenvorstädte sowie Arbeitersiedlungen von Fabrikanten für ihre Angestellten oder später auch von gemeinnützigen Gesellschaften errichtet wurden. Soziale Absichten, im Falle der Arbeitersiedlungen aber auch der ökonomische Nutzen für den Unternehmer waren die Intentionen zur Gründung derartiger Städte, die über eine eigene Infrastruktur mit häufig fortschrittlichen sozialen Einrichtungen verfügten, beziehungsweise Vorstädte, die sich an eine bestehende Stadt angliederten und sich deren Infrastruktur zu Nutze machten. Sämtliche Häuser verfügten über einen eigenen Garten, der als Nutzgarten zur Versorgung der Bewohner beitragen sollte. Das Angebot an Wohnraum war für damalige Verhältnisse meist relativ großzügig. Bedingt durch die Geschichte der Industrialisierung entstanden Garten- und Arbeitersiedlungen insbesondere in Deutschland, England und Frankreich.

*Fordismus und Neues Bauen*
1913 hatte der Automobilfabrikant Henry Ford in seinen Fabriken das Fließband eingeführt und damit die Mobilisierung der breiten Masse eingeläutet. Das Fließband war hingegen keine abgekoppelte Einzelerfindung, es symbolisierte eine Philosophie: Wohlstand für alle durch industrielle Produktion und humane Arbeitsbedingungen waren Fords erklärte Ziele, die er in mehreren Schriften darstellte. Am bekanntesten wurde sein Buch *Mein Leben und Werk*, das 1923 in Europa erschien – zu einem Zeitpunkt, als die Realität in den Ford-Werken bereits eine völlig andere Richtung eingeschlagen hatte, ja sogar Arbeiteraufstände blutig niedergeschlagen worden waren.

Doch die Ideen und Gedanken Henry Fords stießen in Europa auf ein breites Echo – nicht zuletzt bei den Bauschaffenden der 1920er Jahre, die sich die Bekämpfung der Wohnungsnot in der Zeit nach dem Ersten Weltkrieg zur Aufgabe gesetzt hatten. Der Anteil der Notwohnungen betrug damals bis zu 40 Prozent! So klang der Gedanke überzeugend, Häuser, wie Autos, am »Fließband« und somit in großen Stückzahlen preisgünstig zu produzieren. Formulierte Ford für seinen Millionenseller, das T-Modell, es sei »in jeder Farbe erhältlich, Hauptsache, sie ist schwarz«, so sollten selbstverständlich auch die Häuser des Neuen Bauens als standardisierte Typenhäuser produziert werden, ebenso der Städtebau den neuen Ideen angepasst werden, die Häuser wie am Fließband aneinander aufgereiht werden.

Eine übergeordnete Institution, deren erklärtes Ziel die Förderung rationaler, typisierter Bauweisen für Wohnhäuser war, waren die CIAM – regelmäßig stattfindende Kongresse zum Neuen Bauen. Im Vorfeld des 4. CIAM-Kongresses in Athen 1933 erklärte Fred Forbat: »Eine Stadt ist ein volkswirtschaftlicher Betrieb, der ähnlich funktioniert wie eine Fabrik.«

Auch das 1919 gegründete Bauhaus übernahm fordistisches Gedankengut und wurde nach seinem Umzug von Weimar nach Dessau 1925 sogar zum Instrumentarium zur Durchsetzung des Fordismus. Im Januar 1923 verfassten die »Bauhäusler« einen Brief an Ford, Rockefeller und andere Industrielle, in dem sie erklärten: »Das Bauhaus hat die Vereinigung des Künstlers mit dem Techniker und Kaufmann erreicht.« Mit diesem Statement erregte das Bauhaus breites Aufsehen in der Öffentlichkeit.

Erster Direktor des Bauhauses war von 1919 bis 1928 Walter Gropius, der sich denn auch den Beinamen »Wohnford« einfing. Auch er strebte an, Häuser wie Autos in Serie zu produzieren, ja sogar die konstruktiven Besonderheiten der Serienfertigung optisch erkenntlich zu belassen. Hiermit vertrat Gropius allerdings eine Minderheitsposition in den 1920er Jahren. Bei der von Gropius ab 1926 in Dessau-Törten errichteten Wohnsiedlung konnte nie ein ökonomischer

Links: LeCorbusier entwarf für die Stuttgarter Mustersiedlung neben einem frei stehenden Einfamilienhaus ein aufgeständertes Doppelhaus.
Rechts oben: Für die Bauhaus-»Meister« wurden in Dessau drei Doppelhäuser mit zweifach gespiegelten Grundrissen erstellt. Ihr Entwurf stammte wie der des Bauhaus-Gebäudes von Gropius.
Rechts unten: Die Gartenseite der Oud'schen Häuser in der Weißenhofsiedlung.

Nutzen der pseudo-industrialisierten Herstellung nachgewiesen werden, Rationalität wurde hier eher simuliert als realisiert.

In Karlsruhe-Dammerstock entstand 1929 eine Ausstellungs- und Mustersiedlung. Nach einem Wettbewerb erhielt Walter Gropius die künstlerische Oberleitung, sein Wettbewerbsentwurf wurde allerdings nicht ausgeführt. Als Zielsetzung formulierte Gropius die »schaffung von gesunden praktischen gebrauchswohnungen, die dem sozialen standard der durchschnittsfamilie von heute entsprechen und trotz solider technischer durchführung und anmutiger gestaltung für das durchschnittseinkommen erschwinglich sind« – wobei es sich bei den »Wohnungen« in diesem Fall um Reihenhäuser handelte. Kritiker monierten hingegen, die »Siedlung kann auf Schienen stehen und um die ganze Erde fahren [...] der Mensch wird zum abstrakten Wohnwesen« (äquivalent dem Fabrikarbeiter). Ein Vorwurf, mit dem viele Reihenhäuser bis heute zu kämpfen haben.

Auch die übrigen Protagonisten des Neuen Bauens trugen zur Entwicklung des Reihenhauses sowie des hiermit verwandten Doppelhauses bei. Ihre Entwürfe erbrachten auch immer wieder den Nachweis, dass beide Gebäudearten durchaus in anspruchsvoller Architektur zu verwirklichen sind. Besonders bemerkenswerte Beispiele hierfür finden sich in der Stuttgarter Weißenhofsiedlung, die 1927 als Musterausstellung des Deutschen Werkbundes errichtet wurde: eine Reihenhauszeile von J. J. P. Oud mit fünf Einheiten, ein Dreispänner von Ouds niederländischem Landsmann Mart Stam sowie Doppelhäuser von Joseph Frank und LeCorbusier, der als wohl radikalster Vertreter der Moderne die Wohnung als Maschine betrachtete. Bis heute sind jene Häuser zu besichtigen.

Im Unterschied zur Stuttgarter Mustersiedlung musste sich die Zürcher Siedlung Neubühl des Schweizer Werkbundes, die 1930 unter Leitung von Max Ernst Haefeli, Werner Moser und Emil Roth entstand, in der Praxis bewähren, was ihr auch bestens gelang. Interessant ist hingegen die Meinung des Mannes, auf den sich so viele, die typisierte und rationelle Bauweisen favorisierten, beriefen: Henry Ford. Er war der Meinung, dass Arbeit und Freizeit zu trennen seien, als Ausgleich für die rationelle Arbeitswelt der Fabrik müsse die Wohn- und Freizeitumgebung der Menschen traditionell gestaltet sein. Auch die Errichtung seiner Arbeitersiedlung »Greenfield Village« zeugt von dieser Idee – die Zierratüberfrachtete Siedlung könnte als Kulisse für einen »Disney-Film« dienen.

*Reihen- und Doppelhäuser heute*

In der Zeit nach dem Zweiten Weltkrieg wurden Reihen- und Doppelhäuser in ihrer prinzipiell bis heute gültigen Form in großem Umfang populär. Im Zuge von Wiederaufbau und Wirtschaftswunder entstanden viele Neubausiedlungen und -gebiete mit Häusern diesen Bautyps, Baulücken wurden vermehrt mit einzelnen Hauszeilen geschlossen. Mit häufig recht großzügigen Gärten, begrünten Straßen und Vorgärten erinnerten derartige Siedlungen an die Gartenstadt des 19. Jahrhunderts, diesmal für die aufstrebende Mittelschicht.

Selbstverständlich gab es auch hier abschreckende Beispiele, mit diesen machte der Reihenhausbau dann allerdings besonders ab den 1970er Jahren auf sich aufmerksam, als die Grundstücke immer kleiner, die Häuser immer schmaler und höher sowie zugleich mit Zierrat wie Erkern und Krüppelwalmdächern überfrachtet wurden. Eine typische, vermeintlich banale, für die Wohnqualität jedoch überaus wichtige Schwachstelle dieser Entwürfe waren und sind bis heute schmale, tiefe Räume, die nur über die Schmalseiten belichtet werden – der Ruf vom »Einfamilienhaus zweiter Klasse« entstand.

Doch immer wieder gab es auch engagierte Planer, die mit kreativen Ideen und durchdachten Entwürfen das Potenzial der Bauart aufzeigten und kostengünstig wie Platz sparend hochwertige Einfamilienhäuser in Reihe oder im Doppel erstellten. Bedingt durch derartige Projekte, aber auch aufgrund steigender Grundstückspreise und wirtschaftlicher Stagnation hat die Akzeptanz von Reihen- und Doppelhäusern und die Anerkennung als »vollwertige« Alternative in den letzten Jahren wieder zugenommen.

Links: Mart Stam entwarf einen Dreispänner für die Stuttgarter Mustersiedlung.
Unten: Typische, architektonisch eher abschreckende Reihenhäuser der 1980er Jahre.
Mitte und ganz unten: Bemerkenswerte, ungewöhnliche Reihenhäuser entstanden in den letzten Jahren beispielsweise in Amsterdam.

In anderen Ländern, beispielsweise in Großbritannien oder den Niederlanden sind Reihen- und Doppelhäuser die beliebteste Form des Wohnens. Insbesondere aus den Niederlanden kamen während des letzten Jahrzehnts eine Reihe viel beachteter realisierter Vorschläge für moderne Interpretationen des Themas.

Nicht immer jedoch konnten diese Ansätze mit innovativem Anspruch erfüllen, was sie versprachen. Teilweise entpuppten sie sich als Formalismen oder extravagante Fassaden mit konventionellem, nicht sonderlich qualitätvollem Inneren. So zeigen sich heute etwa die Straßenzüge der Amsterdamer Docklands mit Reihenhäusern unterschiedlichster architektonischer Qualität als leblose Schlafsiedlungen ohne eigene Infrastruktur, aber bevölkert von Architekturtouristen aus aller Welt.

## Hinweise für Planung, Bau und Kauf von Reihen- und Doppelhäusern

*Städtebau*

Reihen- und Doppelhäuser werden heute üblicherweise im Rahmen der Erschließung kleinerer Neubaugebiete, die sich an bestehende Ortschaften angliedern, oder als einzelne Hauszeilen und Doppelhäuser ausgeführt. In älteren Baugebieten mit inzwischen hohen Baulandpreisen werden immer wieder kleine Einfamilienhäuser mit großen Gärten abgerissen und durch mehrere, aneinandergereihte Häuser ersetzt – oft zu Ungunsten der städtebaulichen Gesamtsituation. Komplette Siedlungs- oder Ortsteilneugründungen sind die Ausnahme geworden.

Gilt es insbesondere bei größeren Neubaugebieten die Gefahr der »Gettoisierung« und den Charakter von »Wohnkasernen« zu vermeiden, ist ein typisches Problem in den Bestand eingefügter Neubauten deren Unmaßstäblichkeit.

Bei dreien der in diesem Buch vorgestellten Projekte handelt es ich um die Bebauung eigenständiger Neubaugebiete:

Die Wohnsiedlung in Eichenau von Gasteiger Architekten (s. S. 68) liegt zwar separiert am Rand des bestehenden Ortes, bildet jedoch in Verbindung mit weiteren, ebenfalls neu erstellten Ein- und Mehrfamilienhäusern und zugehörigen Grünflächen eine vielschichtige Anlage.

Die hier präsentierten Häuser wurden bewusst auch in Details, wie Gartenbegrenzungen und Fahrradschuppen einheitlich gestaltet, um ein optisches Zerfallen aufgrund übermäßig differierender Individuallösungen zu vermeiden. Dennoch blieb genügend gestalterischer Freiraum für die Bewohner, sodass sich das Neubaugebiet heute als bunt belebte Wohngegend gibt.

Architekt Albert Wimmer legte bei seiner Siedlung in Harbach (s. S. 114) zwar ein scheinbar stringentes Rastersystem zugrunde, erzielte jedoch durch Spielen mit diesem und

Versuche, ungewöhnliche Architektur zu entwerfen.

durch die abwechslungsreiche Anordnung verschiedener Bautypen innerhalb des Systems ein interessantes und spannendes Gefüge aus Volumen und Freiräumen, Blickachsen und deren Unterbrechungen, linearen Wegeführungen und Flächen.

Ein geschichtsträchtiges Areal in einer historisch geprägten Umgebung stand den Berliner Architekten Quick Bäckmann Quick & Partner für ihre Siedlung am Wannsee zur Verfügung (s. S. 78). Hier wurde durch sanft geschwungene, dem Geländeverlauf angepasste Anordnung variierender, hochwertiger Haustypen jeder Eindruck von Eintönigkeit vermieden. Neben der anspruchsvollen, aber dennoch zurückhaltenden Architektur sorgen der parkähnliche Teil des Areals sowie die unmittelbare Nähe zum Wannsee für Noblesse. Die Anlage ist somit ein ansprechendes Beispiel für eine neue Generation von Reihenhäusern, die von »zweiter Klasse« so weit entfernt ist wie moderne Mittelklassewagen von Mittelmäßigkeit – bei der die Bezeichnung »kostengünstig« allerdings auch höchstens noch in Relation zu äquivalenten frei stehenden Häusern gelten kann.

Unabhängig vom persönlichen Wohlfühl-Faktor ist es für private Bauherren und Hauskäufer im Hinblick auf einen eventuellen Wiederverkauf in der Regel von Vorteil, wenn ihr Haus nicht in einem »getto-artigen«, abgegrenzten Bereich steht, sondern einem größeren Gebiet, das auch über die erforderliche Infrastruktur verfügt, zugeordnet wird.

Doch die Planung eines größeren neuen Baugebietes bietet auch Chancen. Nicht nur, dass der städtebauliche Entwurf Hand in Hand mit dem Entwurf der Architektur erfolgen kann, beispielsweise können auch Detailpunkte wie die Erschließung auf die Gesamtplanung abgestimmt werden. So entschied man sich in Eichenau und Harbach, die Erschließung weitestgehend fußläufig vorzunehmen und Sammelparkanlagen vorzusehen. Prinzipiell eine Lösung, die den Wohnwert steigert und Grundstücksfläche sowie hiermit auch Kosten einsparen hilft. Allerdings sollte bei der Planung auch nicht zu knapp kalkuliert werden: Nicht nur, dass die Zufahrt für Feuerwehr- und Rettungsfahrzeuge sichergestellt sein muss, auch alltäglichere Bedürfnisse sollten bedacht werden: der Großeinkauf, den man mit dem Pkw bis vor die Haustüre bringen möchte, gehbehinderte Familienmitglieder oder Besucher, für die der Fußweg vom Parkplatz zum Haus unzumutbar wäre, aber auch der Umzugswagen, der den neuen Hausherren ihr Mobiliar anliefert. Das Wegenetz sollte daher auch bei fußläufiger Erschließung pragmatisch die temporäre Befahrbarkeit bis zur Haustüre ermöglichen und diese nicht womöglich aus ideologischen Gründen bewusst verhindern.

Als bemerkenswerte Beispiele für architektonisch wie städtebaulich hervorragenden und dennoch ökonomisch akzeptablen Ersatz für kleinere Einfamilienhäuser durch größere Doppelhäuser seien hier die Bauten von Straub Beutin Architekten in Berlin (s. S. 110) sowie von Steinmann & Schmid aus Basel (s. S. 134) genannt. Beide schaffen es, sich in Formensprache und Volumetrie in den jeweiligen Siedlungsbestand einzufügen und dabei dennoch ein beachtliches »Mehr« an Wohnraum zu schaffen. Beide Häuser greifen weiter in ihre Grundstücke ein als die Vorgängerbauten, zeigen jedoch zur Straße hin ein ähnliches Erscheinungsbild. Das Berliner Doppelhaus wurde zudem um ein Geschoss erhöht – jedoch so sensibel, dass man es zwar sehen kann, aber erst auf den zweiten Blick wahrnimmt.

Nicht zu vernachlässigen ist die Planung städtebaulich verträglicher und in ausreichender Anzahl vorhandener Parkmöglichkeiten.

Bei Doppelhäusern wird gerne der Raum zwischen zwei Einheiten zur Anordnung zweier Garagen genutzt, etwa bei den hier vorgestellten Passivhäusern von Ingo Bucher-Beholz in München (s. S. 60). Eine prinzipiell bewährte und akzeptable Lösung, die allerdings bei längeren Zeilen für Riegelbildung sorgt und die Gärten von der Straßenseite abtrennt – eine Wirkung, die aber auch durchaus gewünscht sein kann. Massiv wirkende Garagen vor den Häusern zu platzieren, wie dies Unger & Treina bei ihren Doppelhäusern in Geroldswil (s. S. 76) praktizierten, führt in der Regel zu einem städtebaulich unbefriedigenden Ergebnis. Das Straßenbild wird nunmehr von Garagen bestimmt. Hier eignen sich besser Carports, die in die Gesamtarchitektur der Häuser integriert werden, wie es Ingo Bucher-Beholz bei seiner Holzhauszeile in Hockenheim ausführte (s. S. 64).

In die Gebäude integrierte Garagen können Grundfläche sparen, wenn sie im Untergeschoss angeordnet werden. Bei ihrer innerstädtischen Blockinnenbebauung in Dresden (s. S. 26) integrierten Knerer & Lang auf Wunsch einiger Bauherren Garagen im Erdgeschoss. Eine Lösung, die zwar zunächst Wohnraum wegnimmt, jedoch den Vorteil guter Umnutzbarkeit im Bedarfsfall bietet.

Bereits erwähnt wurden Sammelparkmöglichkeiten. Diese optimieren auch in architektonischer Hinsicht die Qualität der zugehörigen Wohnhäuser, die somit von der oft wie ein Anhängsel wirkenden Garage befreit sind. Sie bergen jedoch die Gefahr in sich, selbst zur »Schmuddelecke« zu verkommen. Berühmt-berüchtigt sind hierfür die typischen Garagenhöfe. Vermeiden lässt sich dies durch eine ästhetische, durchgrünte Gestaltung ohne »dunkle Ecken«, durch die Verwendung ansprechender Materialien, aber auch durch optischen Bezug zu den Häusern sowie Integration in die Gesamtanlage.

*Architektur*

Oft sind es schon geringfügige Abänderungen des Gewohnten, Konventionellen, die zu einer erstaunlichen Optimierung des Ergebnisses führen: Reihenhäuser wirken häufig trotz akzeptabler nomineller Wohnfläche einengend, da sie auf schmalen Grundstücken mit ihren Längsseiten aneinander gereiht werden. Im Inneren hat dies schmale, unproportional tiefe Räume zur Folge, die an der dem Fenster gegenüberliegenden Schmalseite nur unzureichend belichtet werden. Der ohnehin schon kleine Garten wird gefühlsmäßig und optisch zusätzlich eingeengt durch die Nähe beider Nachbarn. Viele der im Folgenden dargestellten Entwürfe zeigen überraschende, durchdachte Lösungen für dieses Problem. Einen simplen, dabei aber überaus nachahmenswerten Weg gingen Gasteiger Architekten bei ihrer schon mehrfach erwähnten Siedlung in Eichenau: ihre zunächst unspektakulär wirkenden Reihen- und Doppelhäusern ordneten sie einfach quer nebeneinander an, Schmalseite an Schmalseite. Aufgrund der somit guten Belichtung und der optischen Einbeziehung des Gartens ins Innere macht sich die nun relativ geringe Tiefe der Räume subjektiv kaum bemerkbar, wogegen ihre ungewöhnliche Breite ein Gefühl der Großzügigkeit aufkommen lässt – bei Wohnflächen zwischen lediglich 93 und 130 Quadratmetern. Die Gärten fielen zwar ebenfalls nicht tief aus, wirken aber aufgrund ihrer Breite und dem somit größeren Abstand zu den Nachbarn nicht einengend.

Doch von jeder Regel gibt es Ausnahmen, und so zeigt der Umbau der ehemaligen Kfz-Halle der Wrexham Barracks in Mülheim a. d. Ruhr von Frank Ahlbrecht (s. S. 20), dass sich selbst ungewöhnlichst proportionierte, im Achsmaß gerade mal 6 Meter breite, im Erdgeschoss aber 22 Meter lange Häuser perfekt belichten lassen und dass auch bei diesen Proportionen grandiose Räume realisierbar sind.

Um die privaten Freibereiche zu erweitern, bietet sich oftmals die Anlage einer Dachterrasse vor einem Staffelgeschoss an. Eine Entwurfsvariante, mit der gleich Mehreres erreicht wird: mit Staffelgeschossen, die baurechtlich nicht als Vollgeschosse gelten, lässt sich im Inneren zusätzlicher Wohnraum gewinnen, sofern der Bebauungsplan lediglich die Anzahl der Vollgeschosse eingrenzt, nicht aber Angaben zur zulässigen Gebäudehöhe macht, die einem dritten Geschoss üblicher Höhe entgegenstünde. Zudem lässt sich mit einer vorgelagerten Dachterrasse ein Freisitz schaffen, der nicht nur den meist kleinen Garten ergänzt, sondern darüber hinaus deutlich intimer ist. Mehrere Architekten der Beispielprojekte nutzten diese Möglichkeit zur Aufwertung ihrer Entwürfe.

Einen ebenfalls interessanten Weg zur Erhöhung der Privatsphäre von Reihenhausgärten gingen beispielsweise Boch + Keller in Darmstadt (s. S. 72): Sie ließen ihre vier Häuser abwechselnd vor- und zurückspringen, vermieden somit unmittelbares Angrenzen benachbarter Terrassen. Einem ähnlichen Prinzip folgt das verschachtelte Doppelhaus in Dreieich-Buchschlag von Schubert und Seuß (s. S. 88).

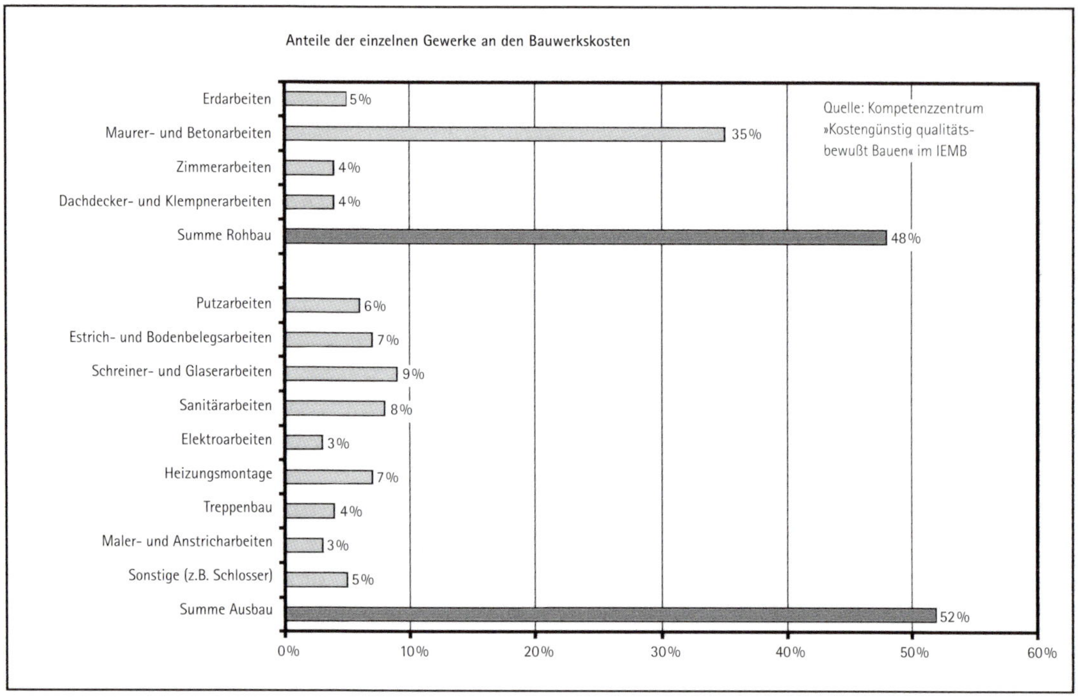


Im Inneren sind, wie bei jeder Bauform, Variabilität und Flexibilität von Vorteil. Günstigstenfalls sind sämtliche Innenwände nicht tragend und ermöglichen eine auf die Bedürfnisse der Bewohner individuell abgestimmte Raumaufteilung um einen unveränderlichen Kern, der die Küche und Sanitärräume aufnimmt. Dieser Vorteil ist allerdings nur dann auch bei zukünftigen Änderungen der Bedürfnisse der Bewohner sinnvoll nutzbar, wenn die Innenwände in Leichtbauweise ausgeführt werden, die relativ einfach versetzt oder entfernt werden können.

Bewährt haben sich auch Entwürfe mit gleich großen Räumen in den Obergeschossen. 16 Quadratmeter sind hier eine ideale Größe, bei geringen Gesamtgrundflächen heruntergehend bis 12 Quadratmeter Raumfläche.

*Konstruktionsarten*

Üblicherweise werden Reihen- und Doppelhäuser in Massivbauweise erstellt. Mauerwerk und Beton erscheinen vordergründig aus Gründen des Brand- und Schallschutzes am besten geeignet bei derart intensiver Berührung. Ein lediglich suggestives Problem, wie fünf Beispiele in Holzbauweise sowie ein Doppelhaus von Johanna Rosa-Cleffmann mit tragender Stahlstruktur im Folgenden zeigen.

Zugegeben: der Planungsaufwand und die nötige Ausführungssorgfalt zum Erreichen der gewünschten Schutzziele sind bei Leichtbauweisen höher als bei Massivbauten. Mit mehrschichtigen Trennwandkonstruktionen sind allerdings heute dieselben Werte erreichbar wie mit Kalksandstein und Co. Architekten und Bauherren sollten sich also keineswegs davon abhalten lassen, auch verdichtet stehende Häuser in Holz oder Stahl auszuführen, wenn dies aus architektonischen oder konstruktiven Gründen gewünscht wird.

*Kostengünstig Bauen*

Reihen- und Doppelhäuser sind prinzipiell schon per se kostengünstiger als individuell geplante und ausgeführte, frei stehende Einfamilienhäuser. Dies ergibt sich zum einen aufgrund ihres geringeren Flächenbedarfs, zum anderen aufgrund synergetischer Effekte durch reduzierten Planungsbedarf und Preisvorteile bei höheren Stückzahlen. Durchdachte Entwürfe können die Kosten weiter senken, beispielsweise durch die Minimierung reiner Verkehrsflächen. Gekonnt auf die Spitze getrieben wurde dieses Bemühen etwa bei dem ab Seite 92 vorgestellten Doppelhaus in Mühltal-Trautheim von Hirschmüller Schmidt Kaschub Architekten.

Insbesondere seit Beginn der 1990er Jahre rückte in zunehmendem Maße auch die Baukonstruktion ins Blickfeld der Bemühungen um kostengünstigen Wohnungsbau. Hieraus ergab sich allerdings die Frage, inwieweit sich Einsparungen bei der Konstruktion auf Dauerhaftigkeit, Instandhaltungsbedarf und Wohnkomfort auswirken. Dieser Frage ist das AIBau – Aachener Institut für Bauschadensforschung und angewandte Bauphysik gGmbH im Rahmen einer vom Bundesamt für Bauwesen und Raumordnung geförderten Forschungsarbeit* nachgegangen.

Untersucht wurden insgesamt 30 Häuser in 13 Siedlungen und einzelnen Reihenhauszeilen, die zu Baukosten zwischen 620 und 1100 € pro Quadratmeter (Kostengruppe 300 und 400 nach DIN 276, Bauwerkskosten, Baukonstruktion und technische Anlagen) errichtet wurden. 33 realisierte Möglichkeiten der Kostensenkung wurden vorgefunden, bewertet und in vier Kategorien eingeteilt:

A) Problemlos möglich und empfehlenswert; gegebenenfalls reduzierter Standard gegenüber der in Deutschland üblichen Beschaffenheit.

B) Möglich bei Hinweis des Bauherrn auf die Besonderheit der Konstruktion und/oder mit besonderer Sorgfalt bei Planung und Ausführung.

c) Möglich bei angestrebter äußerster Minimierung der Baukosten.

D) Nicht empfehlenswert, da erhöhtes Schwachstellenrisiko.

Einige beispielhafte Möglichkeiten, die bei kostengünstig erstellten und angebotenen Häusern von besonderer Relevanz sind, sollen im Folgenden kurz dargestellt werden:

* Rainer Oswald, Johannes Kottje, Silke Sous: *Schwachstellen beim kostengünstigen Bauen,* Stuttgart 2004

Abkürzungen in den Grundrissen der Häuser Seite 14–141:

| | | | |
|---|---|---|---|
| Ab | Abstellraum | Hbr | Hobbyraum |
| An | Ankleide | Ht | Haustechnik |
| Ar | Arbeiten | Hwr | Hauswirtschaft |
| At | Atelier | Hzg | Heizung |
| Ba | Bad | Ihf | Innenhof |
| Bi | Bibliothek | Ke | Keller |
| Bk | Balkon | Kü | Küche |
| Bkl | begehbarer Kleiderschrank | Lih | Lichthof |
| Bü | Büro | Lu | Luftraum |
| Ca | Carport | Sa | Sauna |
| Di | Diele | Schl | Schlafen |
| Du | Dusche | St | Studio |
| Eg | Eingang | Te | Terrasse |
| Elg | Einlieger | Tk | Technik |
| Es | Essen | WC | Toilette |
| Fi | Fitnessraum | Wg | Wintergarten |
| Fl | Flur | Wo | Wohnen |
| Ga | Galerie | Zi | Zimmer |
| Gg | Garage | | |

Minimierte Trennwandkonstruktionen:
Der üblichen Beschaffenheit von Reihen- und Doppelhäusern entspricht in Deutschland ein Schalldämmmaß der Trennwände zweier benachbarter Häuser von 64 bis 67 dB. Gewöhnliche zweischalige Trennwandkonstruktionen erreichen dies problemlos. Baurechtlich vorgeschrieben ist der in DIN 4109 festgelegte Mindestschallschutz von 57 dB. Einige besonders kostengünstige Konstruktionen liegen aufgrund zweier Mauerwerksschalen minimierter Dicke bei diesem Wert oder nur knapp darüber. Lautere Sprache ist bei derartigem Schallschutz zwar noch zu hören, jedoch nicht verständlich. Wird ein potenzieller Hauskäufer ausdrücklich auf den gegenüber üblichem Neubau-Standard verminderten Schallschutz hingewiesen oder vereinbaren ihn Architekt und Bauherr bei individuell geplanten Häusern, handelt es sich um eine akzeptable Maßnahme, die allerdings kein übermäßiges Einsparpotenzial mit sich bringt.

Anders, wenn auf zweischalige Ausführung der Trennwände verzichtet wird. Dies ist möglich, wenn es sich bei einer Reihenhauszeile baurechtlich um ein Mehrfamilienhaus handelt, denn zwischen Wohnungen wird ein geringerer Schallschutz verlangt als bei Einfamilienhäusern – mindestens 55 dB nach DIN 4109, üblich sind Werte zwischen 57 und 60 dB. Allerdings sollten derartige Konstruktionen nur gewählt werden, wenn eine äußerste Minimierung der Baukosten angestrebt wird. Zudem ist sie gemäß einem Urteil des Oberlandesgerichts München nur realisierbar, wenn der Hauskäufer ausdrücklich darauf hingewiesen wird, dass es sich bei seinem Reihenhaus baurechtlich um eine Eigentumswohnung mit den entsprechenden Eigenschaften handelt.

Bei mehreren der im Projektteil des Buches vorgestellten Beispiele handelt es sich baurechtlich zwar um Wohnungen, dennoch wurden in diesen Fällen zweischalige Trennwandaufbauten gewählt.

Ausbaumaterialien in einfacher Qualität:
Ein nicht gering zu schätzender Anteil der Erstellungskosten kann durch die Verwendung von Fenstern, Innentüren, Treppen und Sanitärgegenständen in einfacher Qualität eingespart werden. Hierbei ist allerdings abzuwägen, ob sich der günstige Erstanschaffungspreis auch noch als rentabel erweist, wenn minderwertige Bauteile bereits nach einer kürzeren als der üblichen Gebrauchsdauer überarbeitet oder sogar erneuert werden müssen.

Insbesondere bei Fenstern sollte daher auf allzu simple Material- und Verarbeitungsqualitäten verzichtet werden, da die Kosten eines Fensteraustauschs deutlich höher ausfallen als die bei Errichtung des Gebäudes erzielten Einsparungen.

Eine Überlegung wert bei angestrebten minimalen Erstellungskosten sind hingegen billige Qualitäten bei den übrigen genannten Bauteilen – vorausgesetzt, sie lassen sich später problemlos und ohne hohen Arbeitsaufwand austauschen.

Geringfügige optische Unregelmäßigkeiten:
In zunehmendem Maße werden beim Bau von Einfamilienhäusern vorgefertigte Bauteile verwendet. Üblicherweise werden etwa Decken aus Betonfertigteilen unterseitig verputzt, beim kostengünstigen Bauen hingegen häufig nur mit einem dünnen Spritzputz oder einem Anstrich mit Raufaserfarbe versehen. Die Elementstöße bleiben hierbei durch die abgefasten Kanten der Elemente deutlich sichtbar – eine optische Besonderheit, die auf Wunsch relativ einfach in Eigenleistung zu eliminieren ist und bei vorheriger Information von Käufern preisgünstiger Häuser akzeptiert werden sollte.

Ähnliches gilt für ein typisches Merkmal leichter Trennwände in massiven Baukörpern: hier kommt es fast unvermeidlich zu geringfügigen Abrissen zwischen der tragenden Konstruktion und den Leichtbauwänden. Diese sind in der Regel hinzunehmen.

# Gründerzeit in Sichtbeton Doppelwohnhaus in Nidau

»Ob es sich um ein Parkhaus handelt« wollten Passanten während der Bauzeit über dieses Haus wissen. Nein, was da nach dem Entwurf Daniel Leimers unter Mitarbeit von Jürg Saager am Rande des ehemaligen Schweizer Expo-Geländes hochgezogen wurde, entwickelte sich nicht zum Parkhaus, sondern wurde ein Doppelhaus. Ein in mancher Hinsicht unkonventionelles Doppelhaus – zugegebenermaßen – schon allein von der Form her: ein schlichter Kubus. Für den Gebäudetyp sehr lang, sehr hoch und sehr schmal, so blieb dahinter Raum für einen gut nutzbaren Garten.

Unkonventionell aber auch in Hinblick auf die verwendeten Materialien: vermeintlich kühl und roh, vor allem ungewohnt. Das beginnt bei der Fassade, deren geschlossene Bereiche mit klarem Glas verkleidet wurden. Hinter diesem ist – mit Abstand, zur bauphysikalisch notwendigen Hinterlüftung – ein schwarzes Vlies zu sehen, das die Wärmedämmung verdeckt. Abhängig von den Wetterverhältnissen glitzert das Gebäude wie ein Kristall in der Sonne oder gibt sich als schwerer Basaltbrocken.

Hinter jener spannenden Fassade verbirgt sich eine tragende Konstruktion aus Beton, die im Inneren sichtbar belassen wurde. In der nördlichen Haushälfte wurden auch die Böden in Beton ausgeführt, hier schwarz gefärbt, lediglich die Eichenfensterrahmen bilden einen Kontrast zu den übrigen Oberflächen. Der unbedarfte Besucher könnte meinen, sich in einem bewohnten Rohbau zu befinden, dessen Ästhetik sicher nicht jedermanns Sache ist, die aber durchaus in ihrer Konsequenz zu überzeugen vermag.

Im südlichen Nachbarhaus wurden die Böden der Wohngeschosse mit Eichenparkett belegt, somit entstand ein weniger radikales, kontrastreicheres Ambiente.

So futuristisch die Materialwahl ausfiel, die Organisation der Nutzung entspricht exakt der vieler innerstädtischer Gründerzeit-Häuser: im Erdgeschoss Büro- und Kellerräume, darüber die »Beletage«, der repräsentative Wohnbereich mit Balkon, in den vor hundert Jahren allerdings noch keine offene Küche integriert war. In den weiteren Obergeschossen dann die Schlafräume.

Überraschend die Anordnung der Badewanne im Elternschlafraum der nördlichen Haushälfte. Von hieraus genießt man ebenso wie von den in den Kubus geschnittenen Dachterrassen einen wundervollen Blick über den Bielersee, den nahen Jura, sowie auf Schloss Nidau.

Straßenansicht eines extraordinären Hauses: gelbe Jalousien bilden Farbtupfer auf der schwarz schimmernden Glasfassade.

Links: Großflächige Balkone und Dachterrassen setzen die Wohnflächen beider Haushälften nach außen fort.

Rechte Seite: Der Wohnraum des südlichen Hausteils: »Warmes« Eichenparkett steht im Kontrast zum »kühlen« Sichtbeton.

Querschnitt

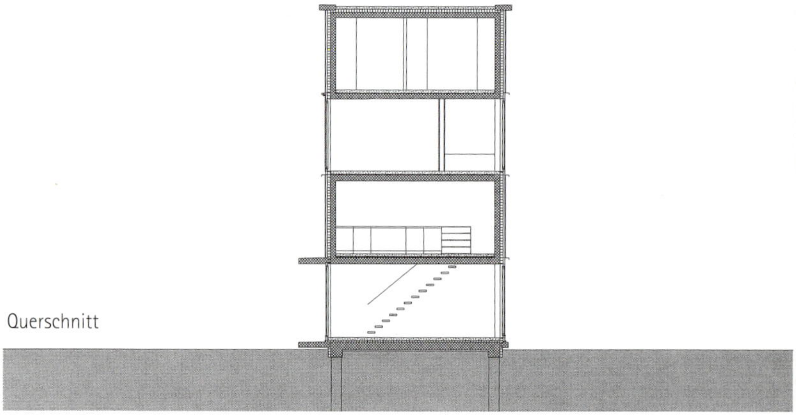

»Kühle« Materialien bestimmen das Bild.

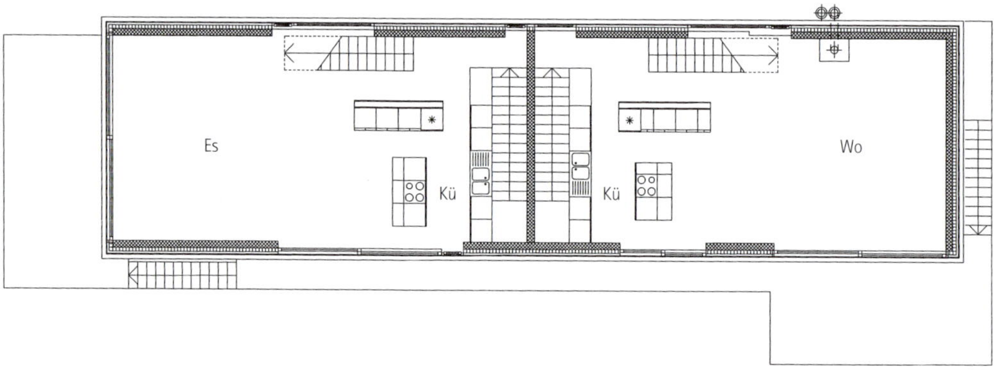


1. Obergeschoss

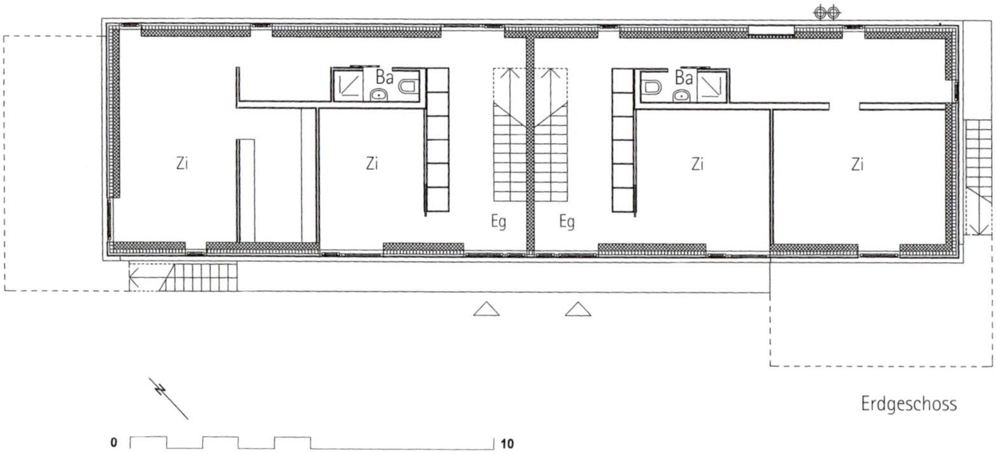


Erdgeschoss

Hohe Bäume kontrastieren mit dem schwarzen Bau.

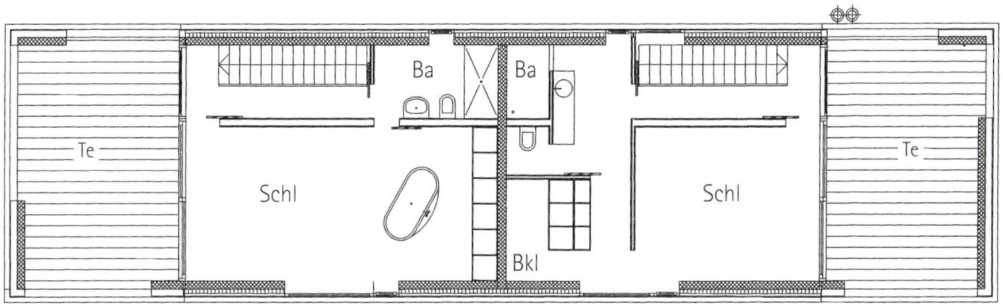


3. Obergeschoss

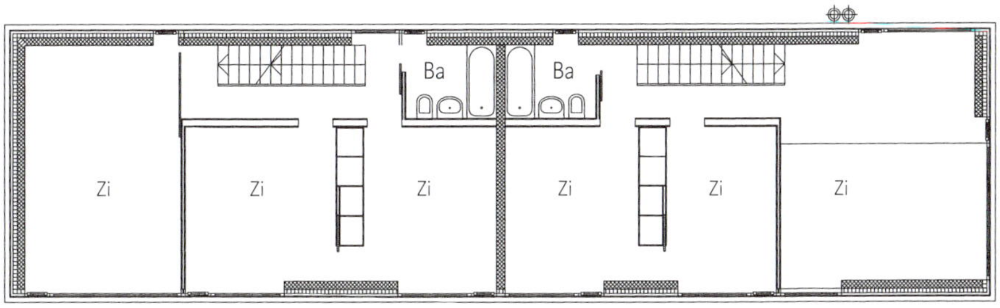


2. Obergeschoss

**Konstruktionsprinzip:**
Stahlbetonkonstruktion, außenliegende Wärmedämmung mit Vlies bespannt, Hinterlüftung, Einscheibensicherheitsglas-Verkleidung; Innenwände in Leichtbauweise.
**Wohnfläche:** 200 m² bzw. 185 m²
**Baukosten:** ca. 2950 sFr./m² bzw. 3135 sFr/m²
**Fertigstellung:** 1999

**Fotos:** Hannes Henz, Zürich

# Vorher – nachher Umnutzung der ehemaligen Kfz-Halle der Wrexham Barracks in Mülheim a.d. Ruhr

Die Kraftfahrzeughalle einer alten Kaserne, sieben Jahrzehnte alt, 112 Meter lang, dazu Investoren, die hier Wohnraum schaffen möchten – man ahnt zu wissen, was geschieht: Die Halle wird abgerissen, die frei gewordene Fläche mit Wohnblöcken oder Reihenhäusern neu bebaut.

Einen anderen Weg gingen Architekt Frank Ahlbrecht und die »Baugemeinschaft Kfz-Halle e.V.« in Mülheim a.d. Ruhr. Ihr Ziel war es, Bausubstanz und äußere Erscheinung so weit wie möglich zu erhalten und den Charakter des Gebäudes erlebbar zu belassen, ja sogar hieraus eine ganz besondere architektonische Qualität zu schöpfen.

Einst Bestandteil der Kasernenanlage Wrexham Barracks gliedert sich der Komplex in einen zweigeschossigen Hallenbereich, im Westen und Osten mit Abstand flankiert von zwei Kopfbauten an den Schmalseiten. Verbunden werden die drei Gebäude durch einen vorgelagerten, eingeschossigen Riegel. Nach Ahlbrechts Entwurf, der als Sieger aus einem offenen Investoren- und Architektenwettbewerb hervorging, wurden in den Kopfbauten und den östlichen und westlichen Teilen des vorgelagerten Riegels eingeschossige Wohnungen angeordnet.

Im Bereich der Halle mit dem zugehörigen Teil des Riegels wurde die schottenartige Bauweise aufgegriffen und anstelle der ehemals elf Kraftfahrzeug-Plätze finden sich hier nun elf zweigeschossige Wohneinheiten – baurechtlich Wohnungen, bautypologisch aber mit Reihenhäusern vergleichbar. Im eingeschossigen, vorderen Bereich fand jeweils ein Schlafraum mit Bad sowie ein Garderobenraum Platz, im zweigeschossigen Gebäudeteil ein Wohn-/Essraum mit offener Kochzeile im Erdgeschoss sowie weitere Schlafräume mit Bad im Obergeschoss

Mit 22 Metern Länge im Erdgeschoss bei lediglich 4,60 Metern Innenbreite gerieten die Abmessungen der einzelnen Wohneinheiten äußerst ungewöhnlich. Dennoch schaffte es Ahlbrecht, keine »Schlauchwirkung« entstehen zu lassen, sondern ein Gefühl der Großzügigkeit. Hierzu trägt neben einem Lichtband über der Kochzeile das galerieartige Ineinander-Übergreifen beider Geschosse bei. Je nach individueller Ausgestaltung des Grundkonzepts nach Wünschen der einzelnen Bauherren ergab sich somit eine Lichtführung und ein Raumgefühl, die eine beinahe sakrale Wirkung erzeugen.

Rechts und rechte Seite oben: Die ehemalige Kfz-Halle setzt sich aus drei höheren Baukörpern zusammen, die durch einen flachen Riegel verbunden werden. Von der Gartenseite (unten) ist auch heute noch die Schottenbauweise zu erkennen, große Glasflächen sorgen für gute Belichtung der tiefen, schmalen Räume.

Rechts: Der Ausbau der einzelnen Einheiten erfolgte nach Wünschen der Bewohner. Hier ein mit Glasbausteinen abgetrenntes Bad, das Licht in die Tiefe des Gebäudes dringen lässt.
Unten: Eine filigrane Wendeltreppe verbindet beide Geschosse.
Rechte Seite: Blick vom Wohnraum durch den Flachbau bis zum Hauseingang.

**Konstruktionsprinzip:** Stahlbetonskelett, ausgefacht mit Ziegel (Bestand) und 24 cm Kalksandstein (neue Trennwände)
**Wohnfläche:** 140–150 m²
**Baukosten:** ca. 1000 €/m²
**Baujahr Kfz-Halle:** ca. 1930
**Fertigstellung Umbau:** 2002

**Fotos:** Deimel & Wittmar, Essen

Der lichtdurchflutete Wohnraum erstreckt sich über zwei Geschosse.

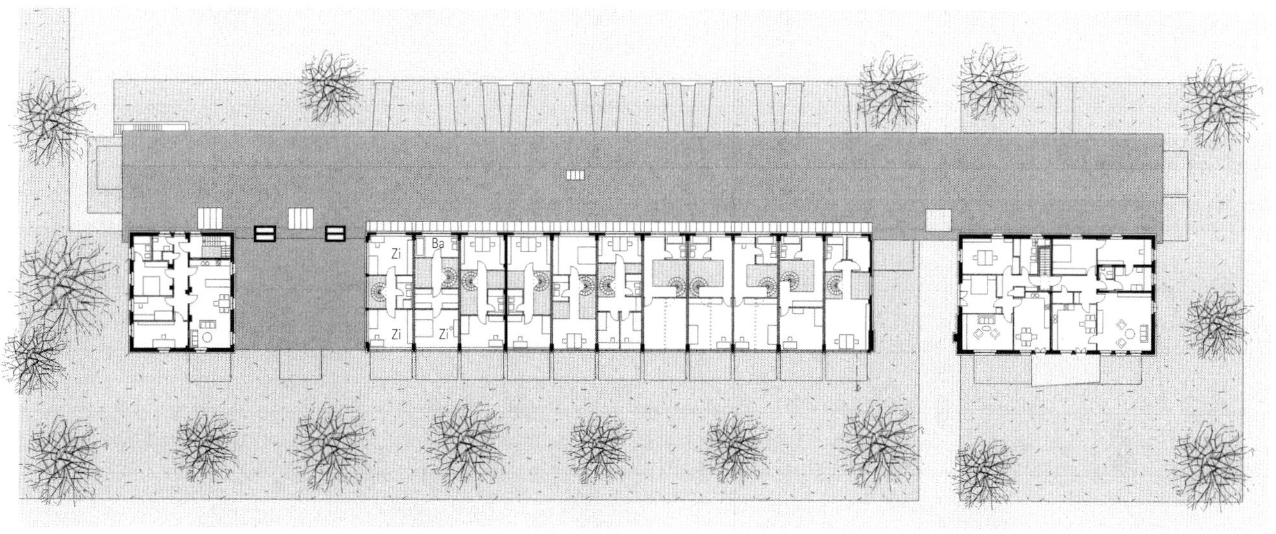


Obergeschoss

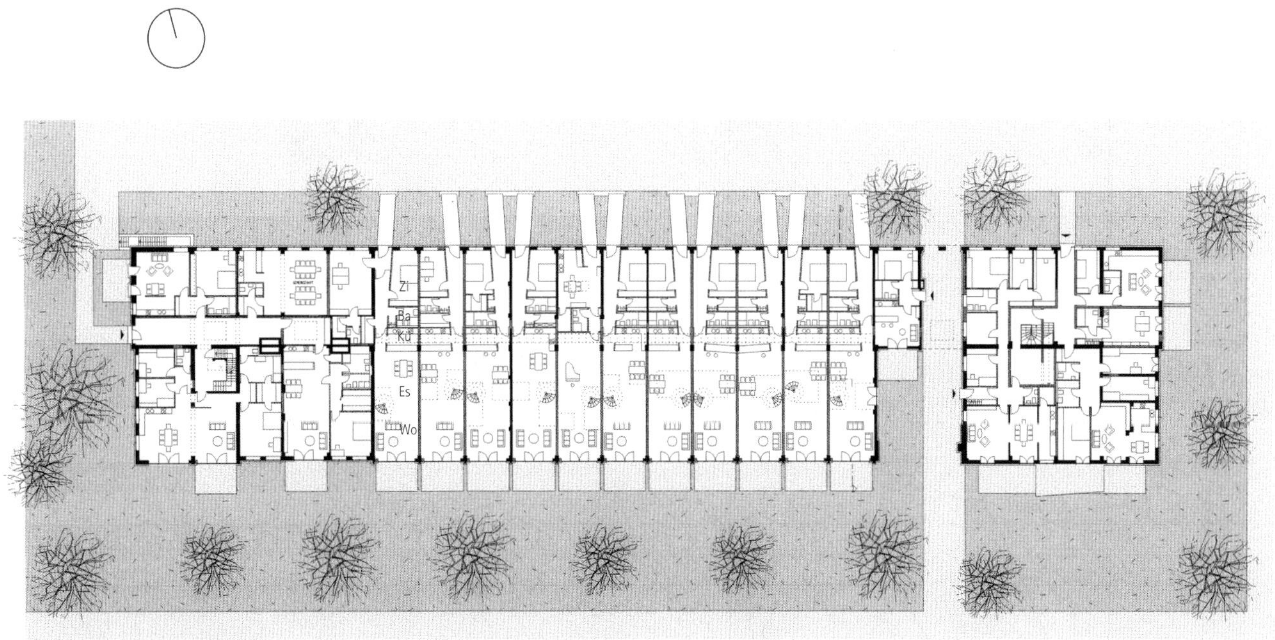


Erdgeschoss

0 1 2 3 4 5 10 15

# Stadthausprojekt Blockinnenbebauung in der Dresdner Neustadt

Mit dem Stadtbild von Dresden verbinden wohl viele zunächst die barock-rekonstruierte Altstadt mit Frauenkirche und Schloss, Zwinger und Semperoper. Völlig anders gibt sich dagegen der nördliche Teil der Stadt an der Elbe, durch den Flusslauf vom Zentrum getrennt. Hier befindet sich die Dresdener Neustadt, deren Großteil gründerzeitliche, zusammenhängend-intakte Blockstrukturen einnehmen. Als Wohnort ist sie besonders bei jungen Familien und Studenten beliebt und verfügt über die dementsprechende soziale und kulturelle Infrastruktur.

Für einen großflächigen Neustädter Innenhof planten die Dresdner Architekten Knerer & Lang ihr »Stadthausprojekt«: einen reihenhausartigen Riegel mit neun Wohneinheiten. Familiengerecht mit 123 beziehungsweise 133 Quadratmeter Wohnfläche, kostengünstig mit Baukosten von etwa 1000 Euro pro Quadratmeter. Inmitten der Stadt gelegen, leistet das Projekt einen Beitrag zu deren Sanierung, hilft, Zersiedelung des Umlandes zu vermeiden und bietet seinen Bewohnern alle Vorteile urbanen Wohnens. Dessen Nachteile werden durch die ruhige und intime Lage, die Architektur sowie die Durchgrünung des Standorts weitgehend aufgehoben.

Nach außen markantestes Merkmal des schnörkellosen Riegels ist seine Fassadenverkleidung aus großformatigen Holzplatten. Zum Garten hin lässt sie sich mit Klapp- und Schiebeelementen komplett verschließen, die Klappelemente vor den bodentiefen Fenstern in den beiden unteren Geschossen dienen im geöffneten Zustand zugleich als Abtrennung zum Nachbarn. Die Balkonkragplatte aus Beton sowie stählerne Brüstungen und Pergolen stellen einen Kontrast zur glattflächigen »Holzkiste« dar, erzeugen somit eine gewisse Spannung.

Abhängig von den Wünschen der zukünftigen Bewohner wurde entweder das Erdgeschoss oder das erste Obergeschoss als durchgehender Wohnbereich mit meist offener Küche ausgeführt. In den Geschossen darüber fanden jeweils zwei Schlafräume mit Bad Platz. Bei Anordnung des Wohnbereichs im Obergeschoss konnten darunter eine Garage und ein Raum mit Bad untergebracht werden.

Das Objekt stellt ein gelungenes Beispiel für innerstädtische, familienfreundliche Nachverdichtung dar – bautypologisch in Form von Reihenhäusern, bei denen es sich aufgrund des Bebauungsplans hier offiziell um ein Mehrfamilienhaus handelt.

Der warme Ton der Holzverkleidung bestimmt das Erscheinungsbild des schlichten Riegels.

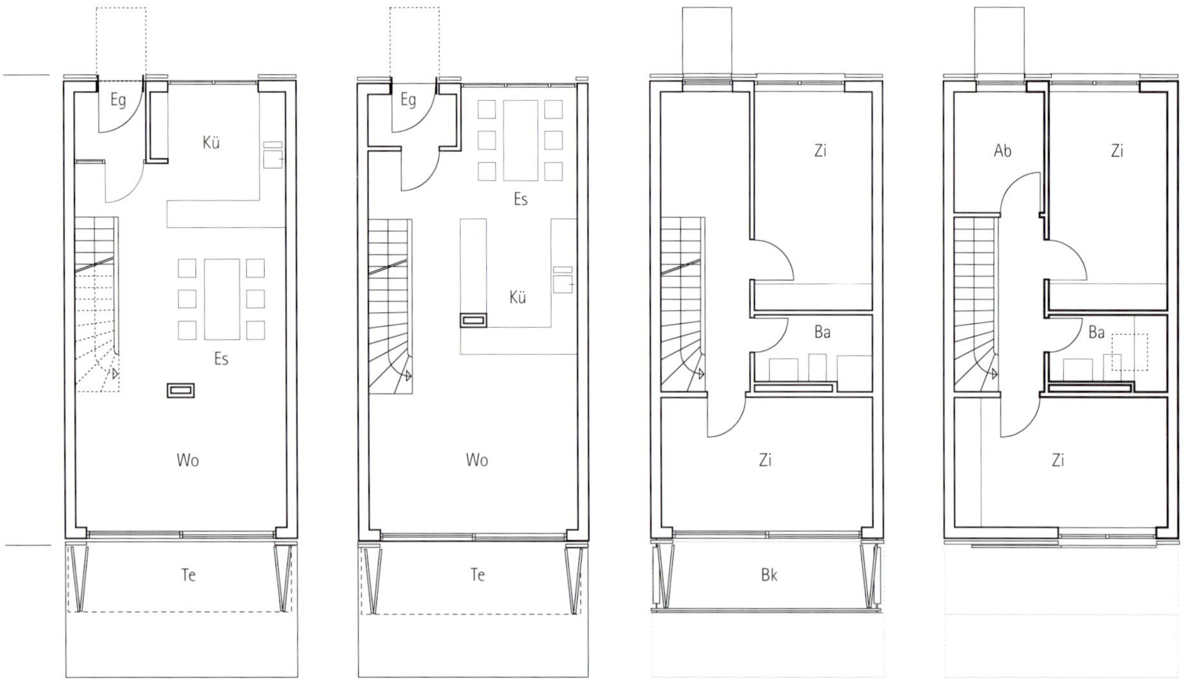


Erdgeschoss Erdgeschoss 1. Obergeschoss 2. Obergeschoss

Haustyp 1

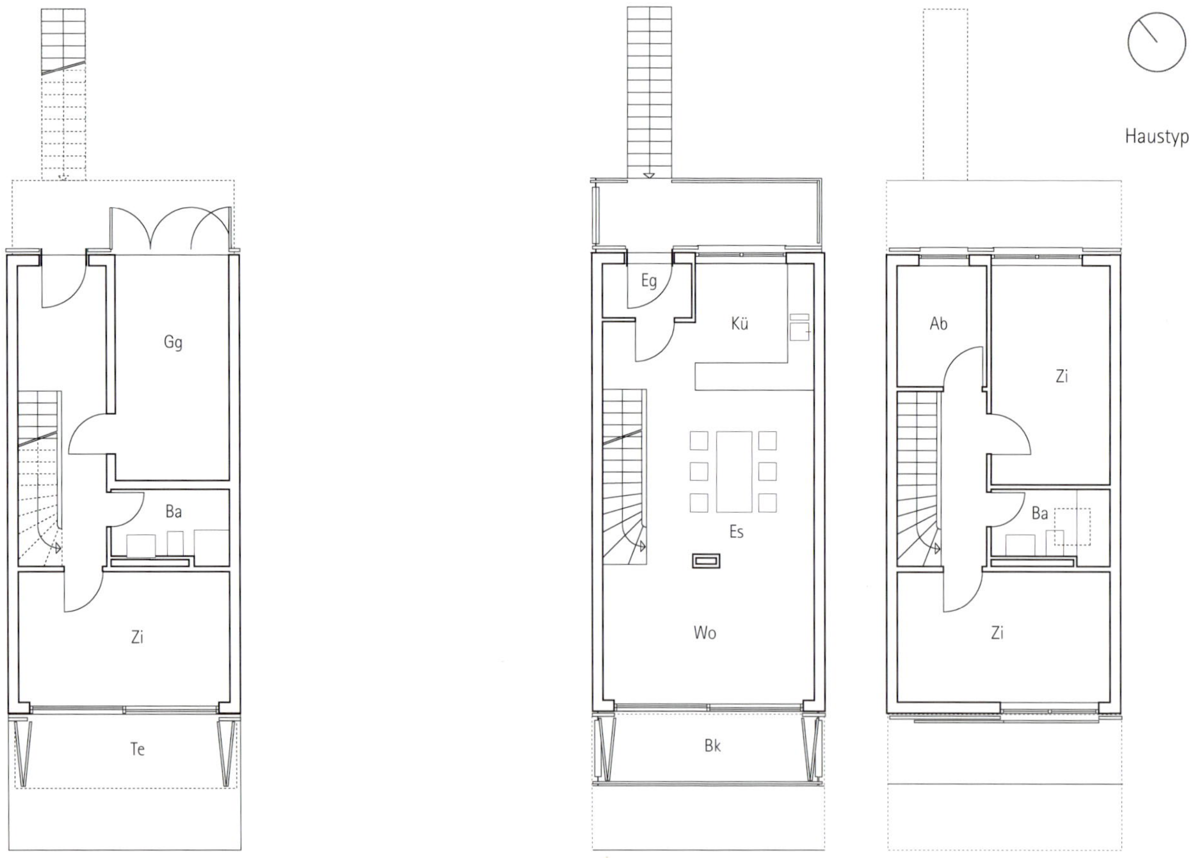


Haustyp 2

Erdgeschoss 1. Obergeschoss 2. Obergeschoss

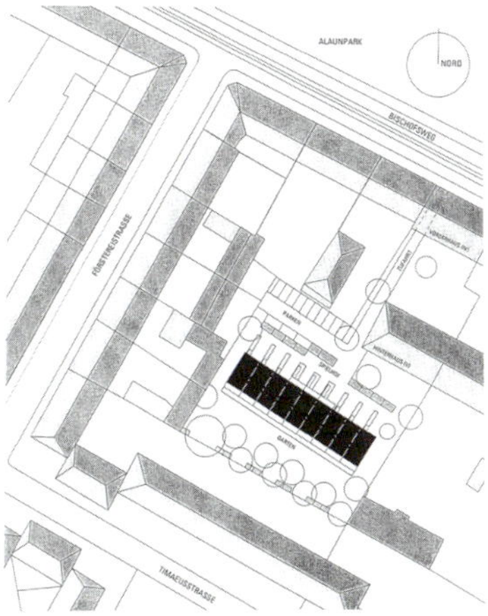


Lageplan

Konstruktionsprinzip: Massivbau (Kalksandstein), wärmegedämmt, holzverkleidet
Wohnfläche: 123-133 m²
Baukosten: ca. 1000 €/m²
Fertigstellung: 2003

Fotos: Petra Steiner, Dresden

Oben: Die Häuser des Typs 2 werden über Freitreppen im 1. Obergeschoss erschlossen.
Unten links: Die filigrane Stahlpergola der Balkone steht im Kontrast zu der großflächigen, »warm« wirkenden Holzfassade.
Unten: Gelungene Proportionen und kontrastierende Materialien zeichnen den Entwurf aus.

# LeCorbusiers Gruß Atelierhäuser in Oberursel

Weiße, kubische Baukörper, großzügige Dachterrassen, geschosshoch eingefasst, der Ausblick durch ein breites Sichtfenster gerahmt, kleine, quadratische Balkone, schwarz-horizontale Brüstungen: typische Charakteristika der klassischen Moderne. An deren Architektursprache orientieren sich die Architekten Astrid Berndt und Heinz Lorz bei ihren Entwürfen für Ein- und Mehrfamilienhäuser. Doch weder imitieren sie einfach Bekanntes, noch addieren sie zusammenhanglos Stilelemente. Vielmehr entwickeln sie ihre Gebäude aus dem Inneren heraus als funktionale wie ästhetische Einheit, in Form und Materialität zurückhaltend und dennoch oder gerade deswegen auffallend, aus dem Rahmen fallend, unkonventionell.

So auch diese zwölf Reihenhäuser im Oberurseler Wohngebiet Eichwäldchen, in vier Dreispännern entlang eines Südhangs gruppiert: weiße »Kisten« mit großformatigen Einschnitten nach Süden und weitgehend geschlossenen Endfassaden. Ganz im Stile LeCorbusiers wurden die Dachterrassen integriert und die über diese hinausragenden Staffelgeschosse auch seitlich zurückgesetzt und durch ihren grauen Anstrich optisch »weggepinselt«.

Ein erster, flüchtiger Blick auf die Grundrisse der tiefen, schmalen Häuser scheint im Inneren Standard zu erkennen: im Erdgeschoss Wohn- und Essbereich mit offener Küche, darüber drei Schlafräume für Kinder und Eltern, ein weiterer Raum im Staffelgeschoss – doch in der dreidimensionalen Gesamtbetrachtung ergibt sich ein gänzlich anderes Bild als das eines Standard-Reihenhauses: So erfolgte die Organisation der Grundrisse in Split-Level-Anordnung, bei der die halbgeschossig versetzten Ebenen um einen zentralen Lichtschacht gruppiert wurden. Die somit ermöglichten Blickbeziehungen, das vertikale Ineinander-Übergehen sowie die zusätzliche Belichtung erzeugen auf spannende Weise einen Eindruck optischer Großzügigkeit. Zu dieser trägt auch die schnörkellose Konzeption des Entwurfs sowie der weitgehende Verzicht auf reine Verkehrsflächen bei.

Nach außen erweitert wird der Wohnraum durch die erwähnten Dachterrassen mit Blick über die Stadt und den Taunus sowie den Wohnraum fortführende Terrassen mit anschließenden Gärten. Vor diesen wurden in geschlossener Reihe Parkplätze angeordnet – eine wohl ungewollte Anlehnung an LeCorbusier, der seine Bauten stets mit einem davor parkierten Automobil ablichten ließ, die hier leider das städtebauliche Bild ein wenig trübt.

Vermarktet wurden die Häuser über die Architekten-eigene Bauträgergesellschaft Modulor Bau – nach deren Auskunft erfolgreich. Ein erfreuliches Zeichen, dass entgegen allen Vorbehalten landläufiger Bauträger und Makler derartig gute Architektur auch im Segment Reihenhausbau angenommen wird.

Die Häuser geben sich als Neuinterpretation der Klassischen Moderne.

Oben und unten: Das leicht zurückgesetzte Erdgeschoss mit geschützt liegenden Hauseingängen sowie das farblich abgesetzte Staffelgeschoss gliedern das Gebäude von der Eingangsseite.

Lageplan

Oben und unten: Charakteristisch für die architektonische Philosophie der Architekten sind der zentrale Lichtschacht sowie die Split-Level-Anordnung. Beide Entwurfselemente sorgen für ein großzügiges Raumgefühl.

Die innenliegenden Bäder werden über eine Glasbausteinwand am Lichtschacht natürlich belichtet.

**Konstruktionsprinzip:** Massiv (Ziegel), Wärmedämmverbundsystem
**Wohnfläche:** 160 m² zzgl. 20 m² Nutzfläche
**Baukosten:** ca. 1100 €/m²
**Fertigstellung:** 2002

**Fotos:** Jörg Hempel, Aachen

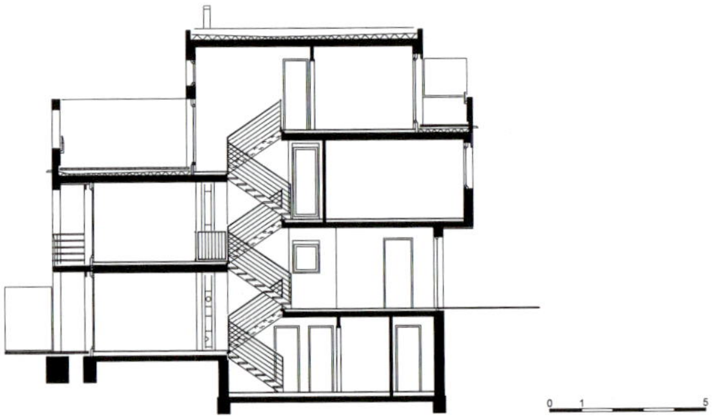

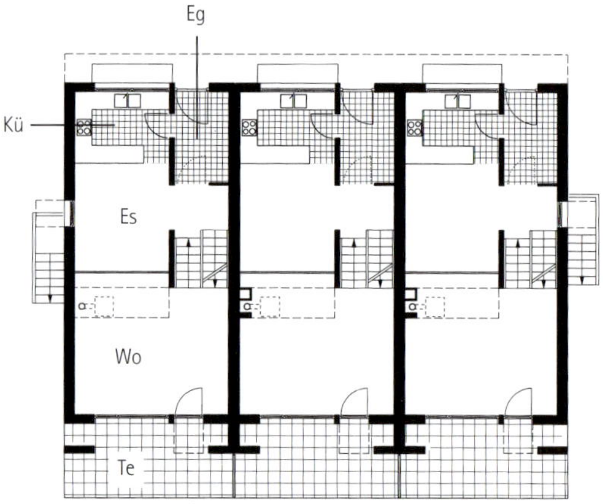


Erdgeschoss

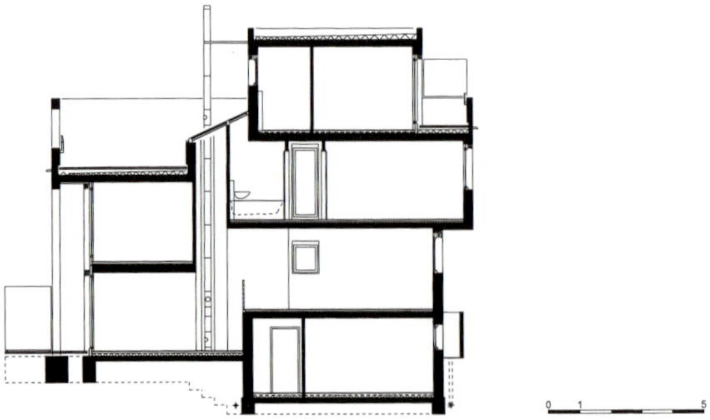

Schnitt

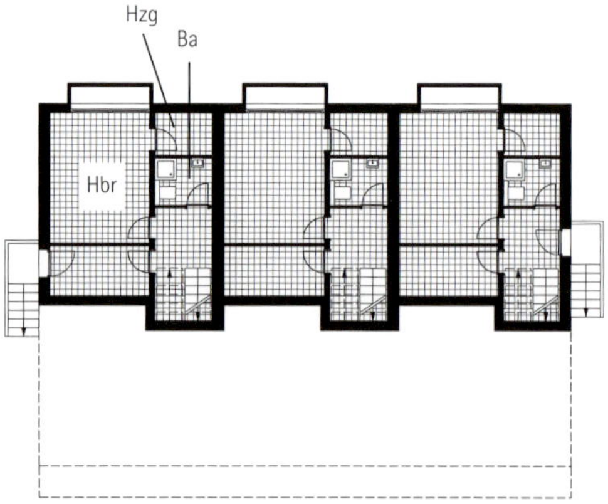


Untergeschoss

Oben und unten: Großzügig wirken die Raumzonen; eigene Erschließungsflächen gibt es nicht.

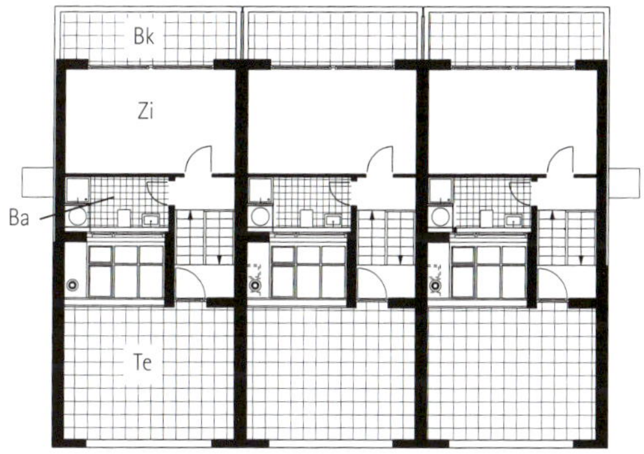


2. Obergeschoss

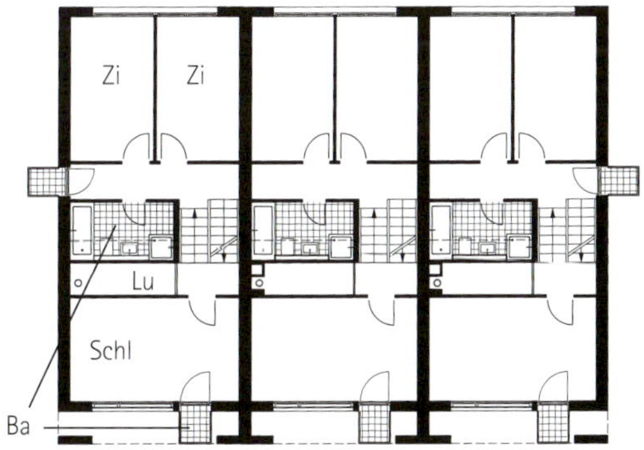


1. Obergeschoss

# Gegen den Strom Doppelhaus in Oberursel

Auf kleiner Fläche realisierten Astrid Berndt und Heinz Lorz bei diesem Doppelhaus viele Punkte ihrer architektonischen Philosophie, die bei den zuvor präsentierten Reihenhäusern erläutert wurde: Auch dieser Entwurf enthält Reminiszenzen an die klassische Moderne – nicht so ausgeprägt und verspielter, eher im Stile Hans Scharouns als LeCorbusiers. Auch hier finden sich große Glasflächen vor ineinander übergehenden Räumen sowie die vertikale Verbindung und Belichtung durch Oberlichter und Lufträume, wiederum entstehen im Verhältnis zur tatsächlichen Größe optisch erweiterte Räume. Auskragungen des Obergeschosses und Rücksprünge des Erdgeschosses schaffen überdachte Eingangszonen und Freibereiche, die den Wohnraum nach außen fortsetzen.

Rechteckig geschnitten, von zwei Seiten sowie von oben lichtdurchflutet, im Erdgeschoss gelegen, lässt er vergessen, dass man sich in einem 110-Quadratmeter-Doppelhaus befindet. Wandversprünge gliedern auch im Inneren und ermöglichen bündiges Einfügen raumhoher Schränke, die somit aus dem Blickfeld gerückt werden und insbesondere die ohnehin relativ gering bemessenen drei Schlafräume im Obergeschoss nicht verstellen.

Zur Straße hin gibt sich das Gebäude recht verschlossen. Doch mit seiner angenehm klaren Formensprache schwimmt es ohnehin gegen den Strom, will es sich nicht so recht einfügen in die umliegende Bebauung im Stil typischer Neubaugebiete mit Krüppelwalmdächern und Sprossenfenstern.

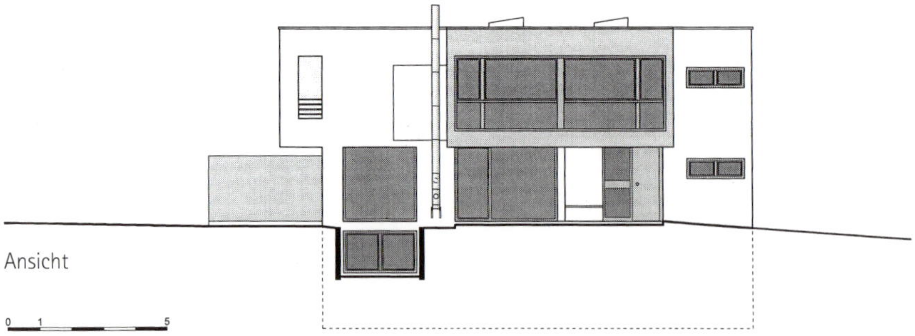


Ansicht

Das Doppelhaus setzt sich deutlich von seiner Nachbarbebauung ab.

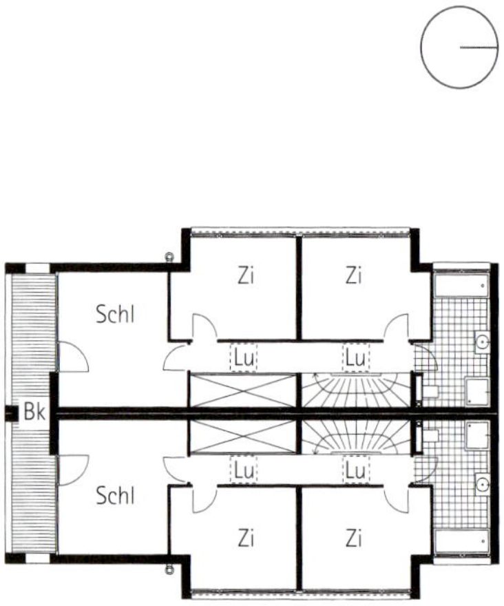


Obergeschoss

Oben: Zur Straße hin gibt sich das Gebäude verschlossen.
Unten: Auch bei diesem Entwurf von Berndt + Lorz spenden Oberlichter den innenliegenden Bereichen Helligkeit.

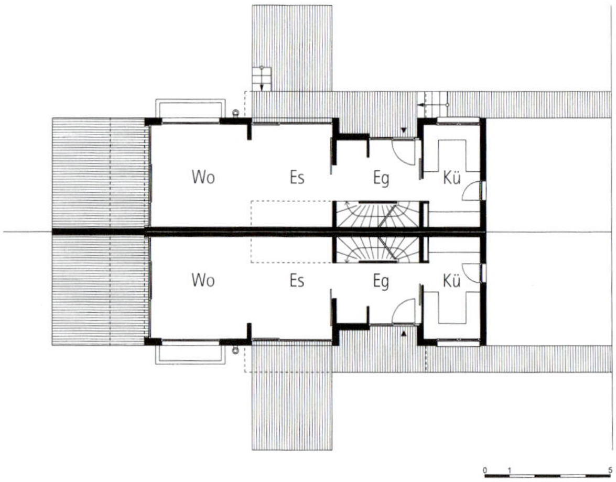


Erdgeschoss

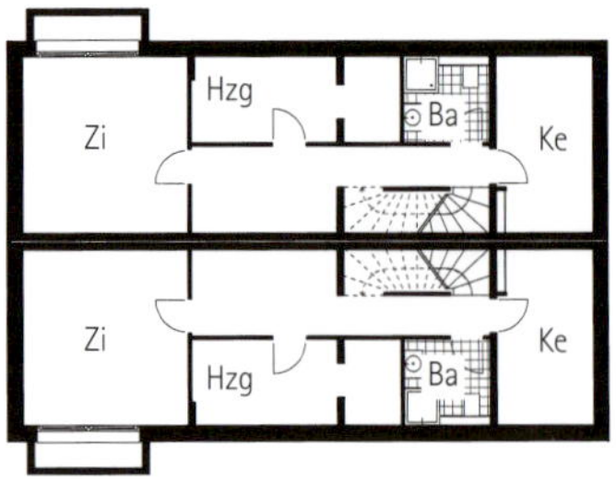


Untergeschoss

Oben: Der Wohnbereich öffnet sich an zwei Seiten vollflächig zum Garten.
Links: Zurückhaltende Formen und Materialien, hier im Bereich des Treppenaufgangs.

Konstruktionsprinzip: Massiv (Kalksandstein), Wärmedämmverbundsystem
Wohnfläche: 110 m²
Baukosten: ca. 1590 €/m² (Keller eingerechnet)
Fertigstellung: 2003

Fotos: Jörg Hempel, Aachen

# Stählerne Ästhetik Doppelhaus in Mainz

Unkonventionell in mancher Hinsicht ist das Doppelhaus, das die Konstanzer Architektin Johanna Rosa-Cleffmann für zwei Familien mit 2 und 3 Kindern in Mainz plante. Der klar strukturierte Entwurf des Stahl-Skelettbaus besticht durch seine schlichte Linienführung ebenso wie durch die Verwendung weniger, aber kontrastreicher Materialien.

Das Baugrundstück liegt in einem heterogenen Wohngebiet ohne besondere städtebauliche Vorgaben. Um einen möglichst großen Teil der Parzelle als Freifläche zu erhalten, plante die Architektin einen langgestreckten, schmalen Riegel an deren Nordseite. Dieser gliedert sich in einen 2 Meter breiten, massiven Erschließungs- und Sanitärtrakt sowie einen 4 Meter breiten Gebäudeteil, in dem die Wohnräume untergebracht wurden. Ungewöhnlich hierbei: Die Schlafräume wurden im Erdgeschoss angeordnet, während im Obergeschoss ein großzügiger Allraum mit Koch-, Ess- und Wohnbereich als Mittelpunkt des Familienlebens dient. Ein Balkon mit Treppe zum Garten erweitert den Innenraum ins Freie.

Dem Raster des Stahlskeletts von 4 x 4 Metern folgend, nehmen die Schlafräume zurzeit jeweils ein Rasterfeld ein. Doch der perfekt auf die Bauweise abgestimmte Entwurf bietet durch seine große Flexibilität viele Möglichkeiten, sich ändernden Bedürfnissen der Bewohner anzupassen, Räume zusammenzuschalten, abzutrennen, zu vergrößern oder zu verkleinern.

Nach außen präsentiert sich der gemauerte Erschließungsriegel mit Putzfassade, während das innen sichtbare Stahlskelett der Wohnräume mit einer Pfosten-Riegel-Fassade verglast und mit horizontal ausgerichteten Lärchenholzlamellen verschalt wurde. Das »warme« Holz bildet hier einen reizvollen Kontrast zum »kühlen« Stahl. Die großflächige Verglasung ermöglicht durch die Ausrichtung der Längsfassade nach Süden die Erzielung solarer Wärmeenergiegewinne, der ausreichend bemessene Dachüberstand des Pultdaches sorgt für die nötige Verschattung im Sommer.

Der Stahlbau lehnt sich an ein massives Rückgrat, sein Dach scheint zu schweben.

Rechte Seite: Der »kühle« Stahl der filigranen Tragstruktur kontrastiert mit der »warmen« Holzverkleidung der geschlossenen Fassadenflächen.

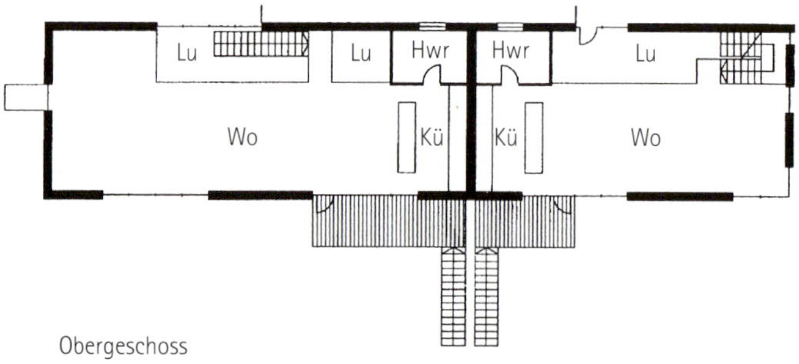


Obergeschoss

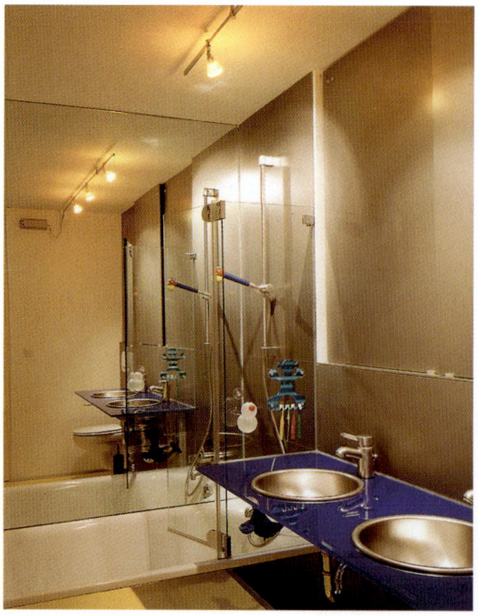

Große Spiegelflächen vergrößern optisch das Bad.

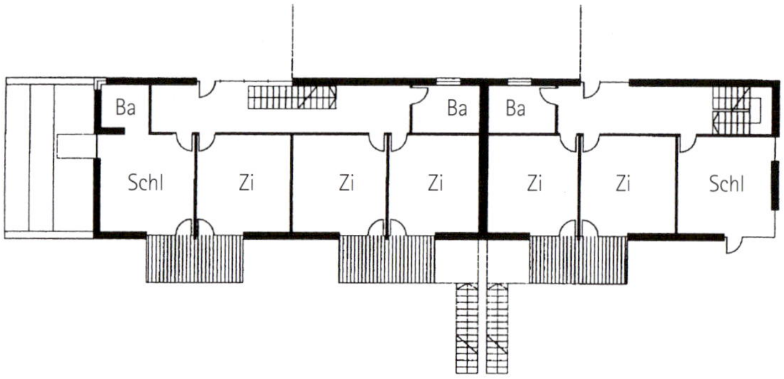


Erdgeschoss

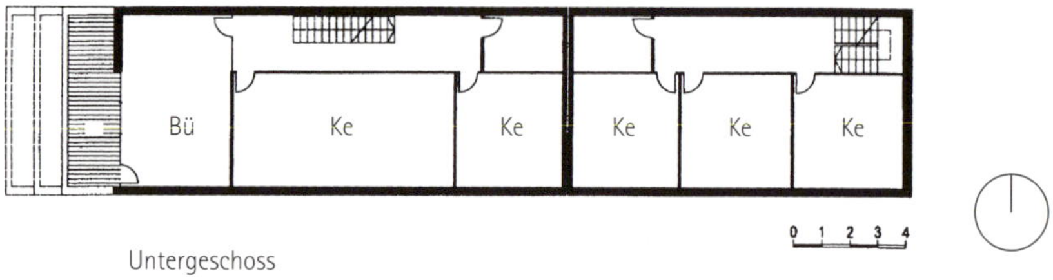


Untergeschoss

Oben und links: Das Obergeschoss wurde als einladender, weitläufiger Einraum ausgeführt. Die Skelettbauweise ermöglichte große Glasflächen, durch die der Raum mit Licht durchströmt wird.

Konstruktion: Stahlskelett, ausgemauert; Zwischendecken aus eingelegten Stahlbetonfertigteilen; Erschließungstrakt Mauerwerk, verputzt
Wohnfläche: 177 m² + 108 m²
(jeweils zzgl. ca. 50 m² Nutzfläche)
Baukosten: ca. 1400 €/m² (inkl. Nutzfläche)
Fertigstellung: 2001

Fotos: Brigida Gonzalez, Stuttgart

# Gartenhaus Innenhofbebauung in Münster

Seit jeher ist es üblich, die Innenbereiche städtischer Blockstrukturen mit niedrigen, ein- bis zweigeschossigen Gebäuden zu bebauen. Mal handelt es sich um Verlängerungen des Erdgeschosses, beispielsweise um hier großflächige Ladenlokale unterzubringen, mal um losgelöst von der Blockrandbebauung frei stehende Werkstatt- oder Wohngebäude, aufgrund der Lage im Garten auch Gartenhäuser genannt.

Derartige Gartenhäuser haben auch im Münsteraner Mauritzviertel unweit der Innenstadt Tradition. Dieser folgend, planten die Architekten Beate Burhoff-Dömer und Klaus Burhoff in Verbindung mit der Schließung eines Blockrandes ein solches, hier in Form eines zweigeschossigen Doppelhauses. Die Eigentümer beabsichtigten, das zuvor mit Garagen und einer Remise bebaute Grundstück ökonomischer zu nutzen.

Das städtebauliche Konzept sah vor, die bestehende Straßenrandbebauung mit einem Anschlussgebäude und einem dreigeschossigen Kopfgebäude mit zurückgesetzten Staffelgeschoss zu komplettieren und fand für einen tief ins Blockinnere reichenden Ausläufer des Grundstücks jene Gartenhauslösung. Ein Doppelhaus mit privatem Garten mitten in einer städtischen Blockstruktur – eine wohl ungewöhnliche, hier aber äußerst plausible Idee.

Von der Konzeption her sind die beiden Wohneinheiten wenig spektakulär: unten wohnen, oben schlafen, das übliche Prinzip derartiger Einfamilienhäuser also. Was den besonderen Reiz in diesem Fall ausmacht, ist im Inneren die Klarheit des Entwurfs, unterstützt durch Parkettboden und glatt weiß verputzte Wandoberflächen. Nach außen ist es die kubisch-skulpturale Form in Verbindung mit der Außenschale aus dünnformatigen, bunt sortierten Ziegelverblendsteinen. Sie wurden im wilden Verband gemauert, was den Eindruck der Skulpturalität unterstützen soll.

Im ersten Augenblick erinnert das Doppelhaus von der Gartenseite her ein wenig an die Backstein-Villen Ludwig Mies van der Rohes in Krefeld. Im Unterschied zu diesen fand hier ein einheitliches, vertikal orientiertes und bodentiefes Fensterformat Verwendung.

Rechte Seite: Bunt sortierte Ziegelverblendsteine und unterschiedliche Fensterformate beleben die Eingangsfassade.

6a
6

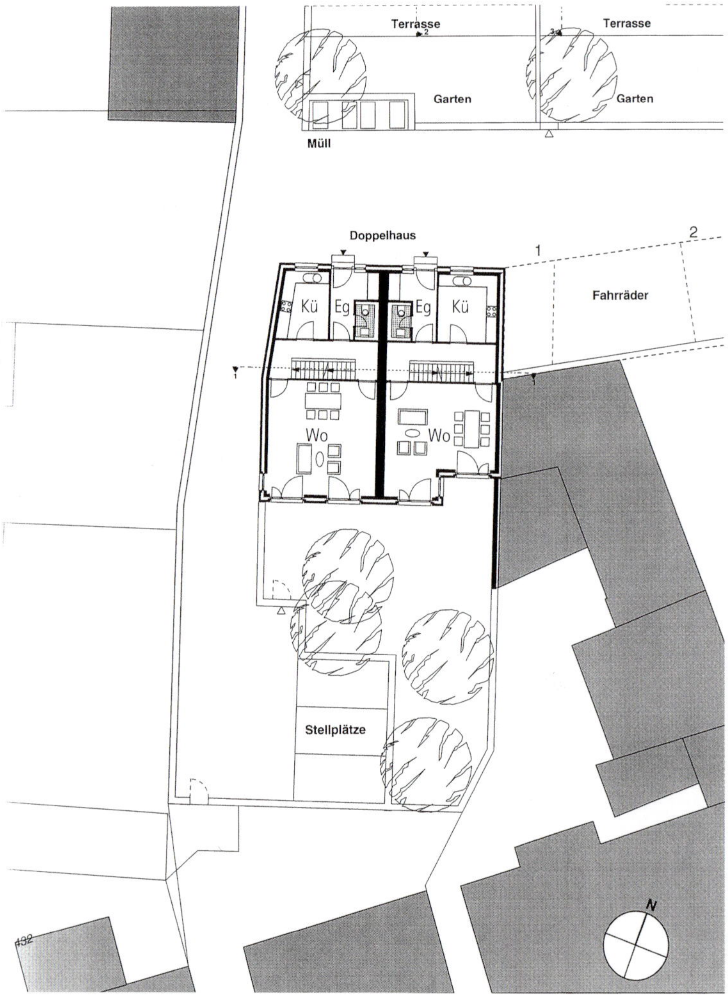


Erdgeschoss

Obergeschoss

**Konstruktionsprinzip:** zweischaliges Ziegelsichtmauerwerk
**Wohnfläche:** ca. 120 m²
**Baukosten:** ca. 1300 €/m²
**Fertigstellung:** 2001

**Fotos:** Klemens Ortmeyer, Braunschweig

Oben: Vom Garten her wirkt das Gebäude beinahe skulptural.
Unten links: Schlicht gibt sich der Entwurf auch im Inneren.
Unten: Als »Gartenhaus« wurde das Gebäude in einen innerstädtischen Block eingefügt.

# Minimalistisch-materialistisch Wohnpark am Betzenberg

In einmaliger Lage entstand nach dem Entwurf des Büros a v 1 Architekten diese kompakte Reihenhauszeile in Kaiserslautern. Der Bauplatz liegt in einem ehemaligen Sandsteinbruch, dessen Spuren noch heute den besonderen Charakter des Ortes bestimmen: die Häuser wurden parallel zu einer mächtigen Sandsteinfelswand im Norden und nah an dieser angeordnet, im Süden grenzt Wald an und umschließt eine parkähnliche Freifläche. Von ihr wurden lediglich kleine private Bereiche abgetrennt, der Großteil verblieb als gemeinschaftliche Fläche der fünf Bauherren und wurde »nicht durch gärtnerische Ambitionen gestört«, wie es die Architekten formulieren.

Entwurf und Konstruktion der Häuser erlauben im Inneren größtmögliche Variabiliät: lediglich die Haustrennwände beziehungsweise die beiden Endwände sowie die über biegesteife Ecken angeschlossenen Decken übernehmen die Lastabtragung, die Aufteilung im Inneren orientiert sich individuell an den Wünschen der Bewohner. Nach außen identisch ist die vollflächige Verglasung der Südfassade mit vorgehängten Stahlbalkonen, die zugleich für Verschattung im Sommer sorgen. Die anderen drei Fassaden wurden mit einer horizontalen Lärchenholzverschalung versehen, deren feingliedrige Struktur aus schmalen Lamellen an die Schichtung des Sandsteinfelsens angelehnt wurden.

Die Fassade wurde von den einzelnen Bauherren unterschiedlich weit über Fensterelemente geöffnet: mal nur mit niedrigen Schlitzen, mal bodentief.

Das auf den hier abgebildeten Innenaufnahmen zu sehende Haus 2 gibt sich radikal minimalistisch: Bei Wänden und Decken wurde die Betonkonstruktion sichtbar belassen, mithilfe einer glatten, nichtsaugenden Schalung konnte ein marmorartiger Glanz der Sichtbetonflächen erzielt werden. Im Erdgeschoss sowie im ersten Obergeschoss wurde als Boden ein geschliffener Zementestrich eingebracht. Beide Geschosse wurden über einen Luftraum verbunden und ermöglichen den freien Blick durch das Haus, unterbrochen lediglich durch eine aus Stahlblech gefaltete, eingehängte Treppe. Zugleich wird über die beidseitig großflächige Verglasung die Atmosphäre der Umgebung auch im Innenraum spürbar.

Interessant ist auch die Konstruktion der Nassräume, die als raumhohe »Kästen« aus Milchglas eingestellt wurden. In konsequenter Fortführung der Materialsichtigkeit wurden auch sämtliche Installationen sichtbar belassen, sei es hinter den satinierten Glasscheiben oder frei im Raum stehend.

Links und rechte Seite: Die fünf Reihenhäuser stehen auf parkartigem Gelände, zu dem sie sich über eine vollflächige Glasfassade öffnen.

Galerieartig gehen die Geschosse ineinander über.

Radikale Schlichtheit von Materialien und Formen zeichnet Haus 2 aus, sogar auf Geländer am Rande der Ebenen und der Treppen wurde verzichtet. Die skulpturalen Treppen wurden aus Stahlblechen gefaltet.

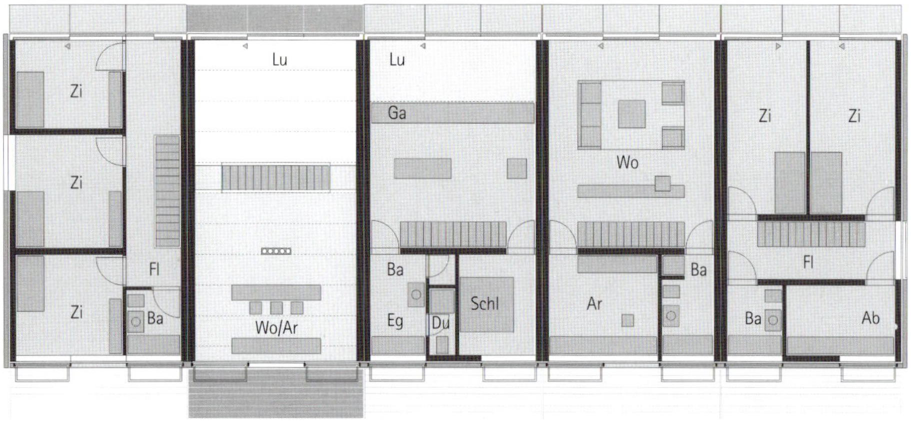


1. Obergeschoss

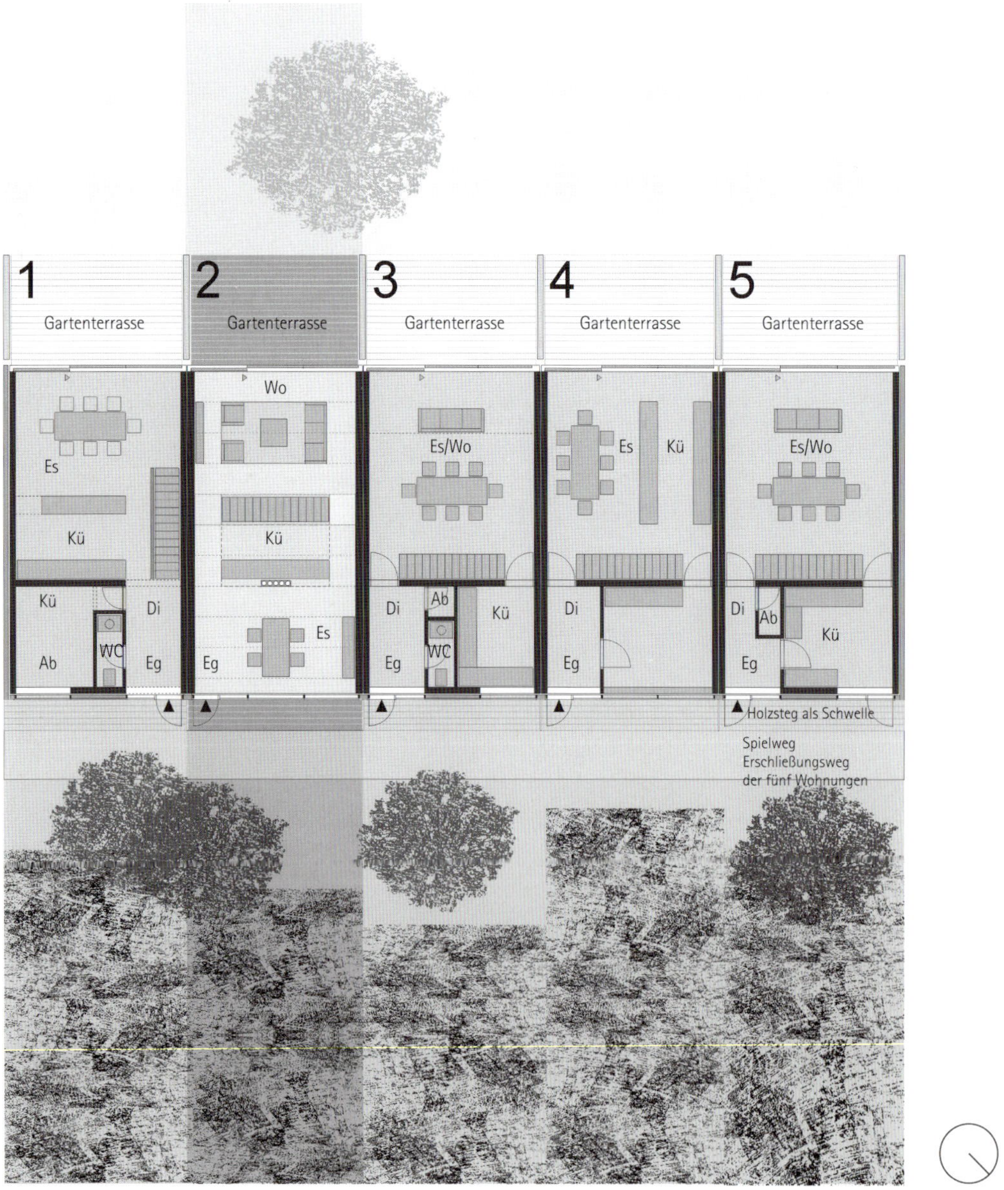

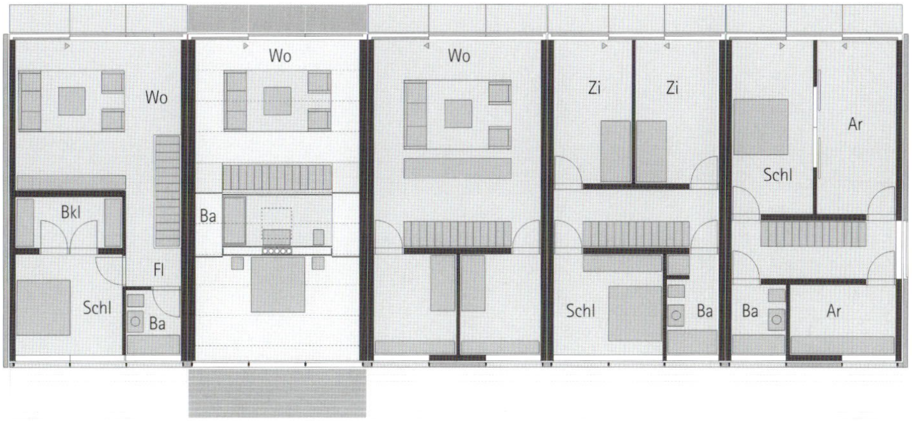


2. Obergeschoss

Konstruktionsprinzip: Betonkonstruktion mit Lärchenholzverschalung
Wohnfläche: ca. 180 m²
Baukosten: ca. 1275 €/m²
Fertigstellung: 2000

Fotos: Michael Heinrich, München

Oben: Die ebenfalls minimalistisch gehaltene offene Küche setzt mit ihren Holzfronten Akzente.
Links: Über ein Oberlicht wird das innen liegende Bad belichtet. Feingliedriger Parkettboden optimiert das Raumgefühl.

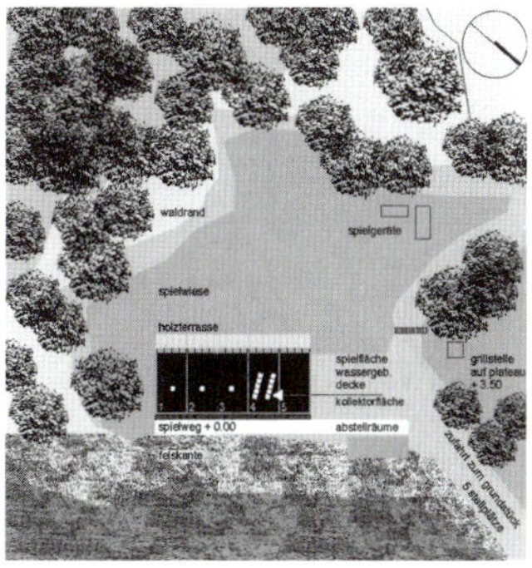


Lageplan

# Doppelt schlicht Doppelvilla in Allschwil

Ästhetische Schlichtheit in der Formensprache, großzügige, lichtdurchflutete Räume sowie der Einsatz weniger, kontrastreicher Materialien bestimmen den Entwurf der Baseler Architekten Erny & Schneider für ein villenartiges Doppeleinfamilienwohnhaus in Allschwil.

Durch eine Internet-Recherche waren die Bauherren auf die Planer aufmerksam geworden und die auf der Homepage präsentierten Projekte überzeugten die Erben eines Grundstücks oberhalb von Basel. Was folgte, waren zahlreiche konstruktive Gespräche und Diskussionen über architektonische Vorstellungen, Materialien, Detaillierungen.

Eine gemeinsame Vorliebe aller Beteiligten hierbei war einfaches, schnörkelloses Design. Die Präferenz der Bauherren für Holz und die der Architekten für sichtbar belassenen Beton fanden ihren Niederschlag in der puristisch reduzierten Fassade, die lediglich die beiden genannten Materialien verwendet – abgesehen von der Verglasung. Wie eine schützende Klammer umschließt beide Häuser eine Betonspange. Zum Garten hin – nach Südwesten – öffnen sich sämtliche Wohn- und Schlafräume über eine nahezu vollflächig verglaste Holzrahmenfassade. Im Obergeschoss gibt ein durchgehendes Lichtband auf der Straßenseite den Blick über Basel und in den Schwarzwald frei. Aufgrund dieser Qualität wurde hier der Wohnbereich angeordnet. Als durchgehender Raum konzipiert, von beiden Seiten belichtet, vermittelt er ein Gefühl von Großzügigkeit und Freiheit. Lediglich ein Sanitärkern wurde eingestellt, an den auch die offene Küche anschließt. Für eine gewisse Zonierung innerhalb der Offenheit sorgt zudem die einläufige Treppe, die eine als Arbeitsecke ausgebildete Galerie abtrennt. Über eine gut nutzbare Terrasse mit breiter Freitreppe ist der Wohnbereich mit dem hinter dem Haus weiter ansteigenden Garten verbunden.

Unter der Galerie fand ein zweiter, kleinerer Wohnraum Platz, das so genannte Gartenzimmer. Von hier hat man ebenerdig Zugang zum Garten, ebenso wie von den drei entlang eines Korridors aufgereihten Schlafräumen.

Der Zugang zum Haus erfolgt im Sockelgeschoss auf Straßenniveau. Neben einem Gästeappartement finden sich auf dieser Ebene Hauswirtschafts- und Kellerräume.

Aus architektonischer Sicht überzeugt der Entwurf den Liebhaber schlichter Formen und Materialien rundum. Bauphysikalisch knifflig ist hingegen die gewählte Konstruktion einer außen angeordneten Betonkonstruktion mit Innendämmung.

Links und rechts: Trutzig zeigt sich der langgestreckte Sichtbetonbau zur Straße ...

... vollflächig offen hingegen zum Garten.

Unter der Galerie wurde das so genannte Gartenzimmer angeordnet.

Oben: Von zwei Seiten lichtdurchströmt, links mit weitem Ausblick über die Landschaft, rechts raumhoch offen zum Garten mit vorgelagerter Terrasse: der weitläufige Wohnraum.
Rechts: Die geschlossenen Bereiche der Gartenfassade wurden in Holz gehalten.

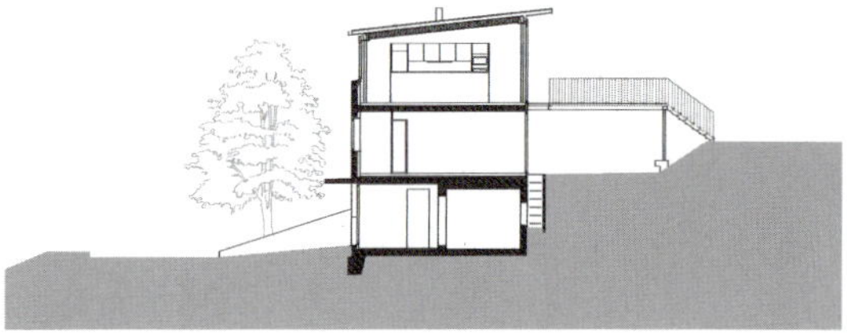

Querschnitt

Oben und links: Puristisch aber kontrastreich fiel die Gestaltung der Innenoberflächen aus.

**Konstruktionsprinzip:** Sichtbetonkonstruktion mit Schaumglas-Innendämmung; Decken wärmetechnisch entkoppelt
**Wohnfläche:** 198 m² (zzgl. 67 m² Keller)
**Baukosten:** ca. 3375 sFr./m² (Keller eingerechnet)
**Fertigstellung:** 2002

**Fotos:** Petra Häubi, Büsserach

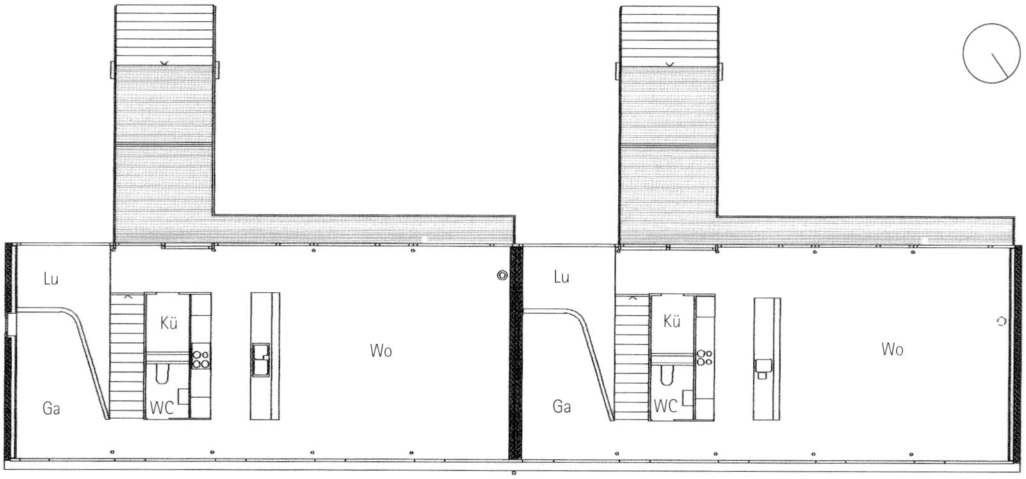


Obergeschoss

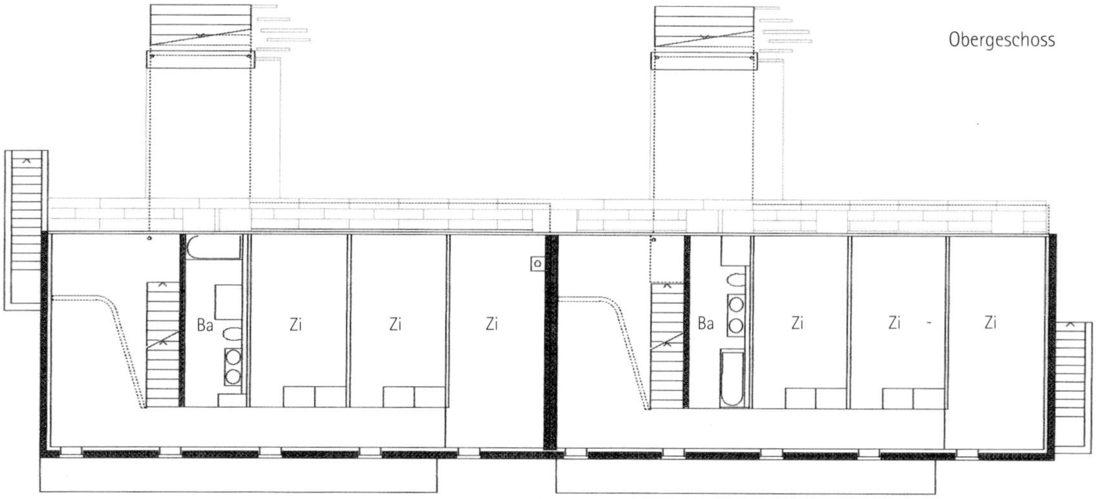


Erdgeschoss

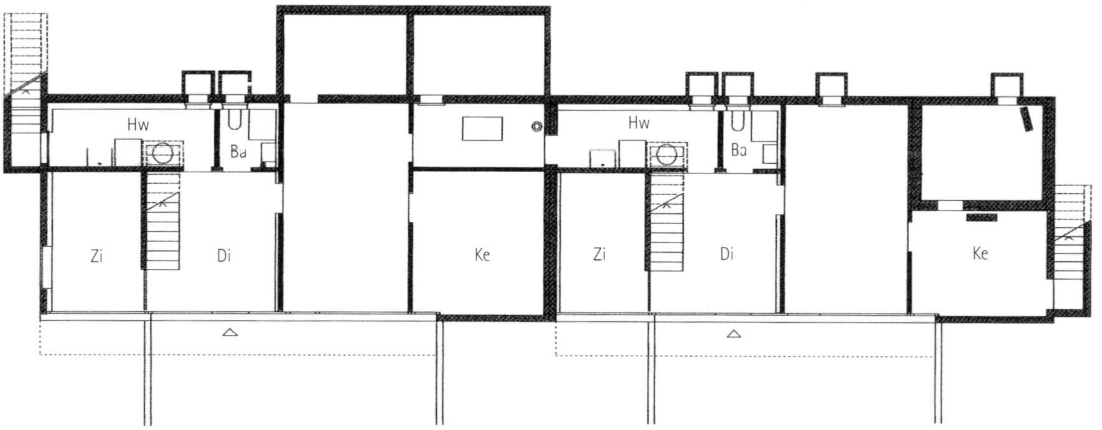


Sockelgeschoss

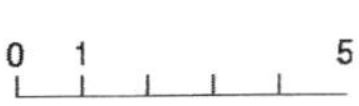

# Von der Schönheit des Einfachen Passivhäuser in München

Ingo Bucher-Beholz ist seit Jahren bekannt für seine konstruktivistischen Wohngebäude in Skelettbauweise. Die logisch durchdetaillierten Bauten zeigen stets ihre tragende Struktur aus Stahl oder Holz, aufgrund geringer Achsmaße des Rasters filigran-zurückhaltend, dennoch architekturbestimmend. Gebäudeformen und Grundrisse sind schlicht und scheinbar unspektakulär, doch dabei gerade in ihrer durchdachten Einfachheit faszinierend. Konsequenterweise spiegelt sich die Philosophie der Einfachheit bei den Entwürfen des Architekten vom Bodensee auch in günstigen Baukosten wider.

So auch bei den hier vorgestellten Doppelhäusern in Passivbauweise. Zusammen mit einem befreundeten Projektentwickler hatte Bucher-Beholz das Ziel, sonst kostenintensive Passivhäuser zum Durchschnitts-Quadratmeterpreis üblicher, hochwärmegedämmter Einfamilienhäuser zu erstellen. Dies im Rahmen des »München-Programms«, das kinderreichen Familien den vergünstigten Erwerb von Bauland in der bayerischen Metropole ermöglicht.

Der Bebauungsplan im Stadtteil Waldperlach machte penible Vorgaben: aufgrund festgelegter Baufenster und Dachneigungen war die äußere Kubatur der Häuser somit nahezu festgelegt. Bucher-Beholz entwarf die beiden Doppelhäuser als Holzskelettbauten, die trotz strenger Vorgaben ihre eigene Sprache sprechen. Das Baumaterial Holz zeigt sich auch in der außenseitigen Fassadenbekleidung aus lasierten Fichte-Dreischichtplatten, die Skelettstruktur ist durch die Befestigung mit Vorschraubleisten ablesbar. Die Gartenfassade wurde als vollverglaste Holzrahmenkonstruktion ausgebildet – gut für das Raumgefühl des somit lichten Inneren, aufgrund der Nord-Westwest-Orientierung energetisch nicht optimal, insbesondere vor dem Hintergrund des Passivhauskonzepts. Teilweise ausgeglichen wurde dies durch die Verwendung besonders wärmedämmenden Glases.

Das Innere gibt sich mit viel Holz: neben dem Skelett wurde die Untersicht der Decke holzsichtig ausgeführt, als Bodenbelag der Wohnräume kam Eichenparkett zum Einsatz. Die ausfachenden Wandflächen wurden in glattem Weiß gehalten.

Die Raumaufteilung hat sich bewährt: unten ein offener Wohnbereich, darüber auf zwei Etagen Schlafräume. Ausbaureserve findet sich im Keller, der aufgrund tiefer Lichtschächte etwa zur Hälfte für Wohnzwecke nutzbar gemacht werden kann.

Links und rechte Seite: Die Form der Häuser war nahezu vorgegeben, durch die ablesbare Skelettstruktur gab ihnen der Architekt dennoch einen eigenständigen architektonischen Ausdruck.

104
102

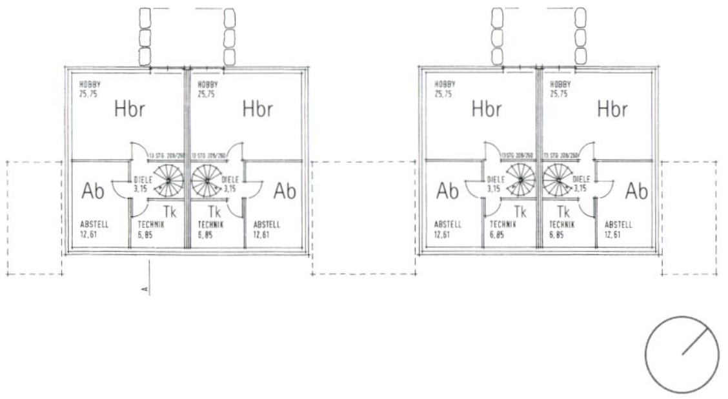


Untergeschoss

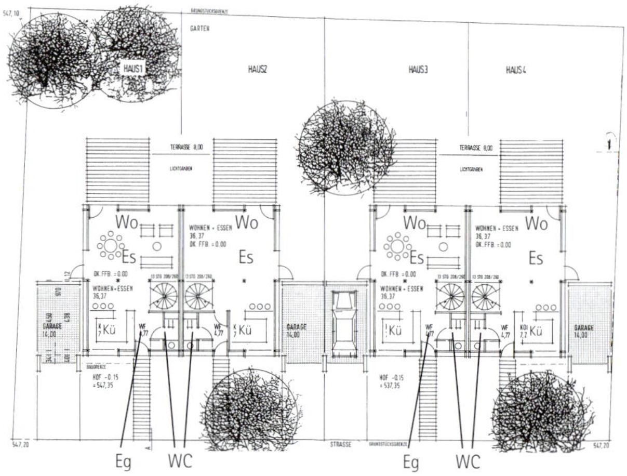


Erdgeschoss

Links und unten: Im Inneren blieb das tragende Holzskelett als bestimmendes Element sichtbar. Auch darüber hinaus fand das Material großzügig Verwendung.

**Konstruktionsprinzip:** Holzskelett, ausgefacht mit Mineralfaserwolle, innenseitig Spanplatten-Beplankung, außen Holzdreischichtplatten mit Vorschraubleistenbefestigung
**Wohnfläche:** 156 m² zzgl. 49 m² Keller
**Baukosten:** ca. 1300 €/m² (Keller eingerechnet)
**Fertigstellung:** 2002

**Fotos:** Günther F. Kobiela, Stuttgart

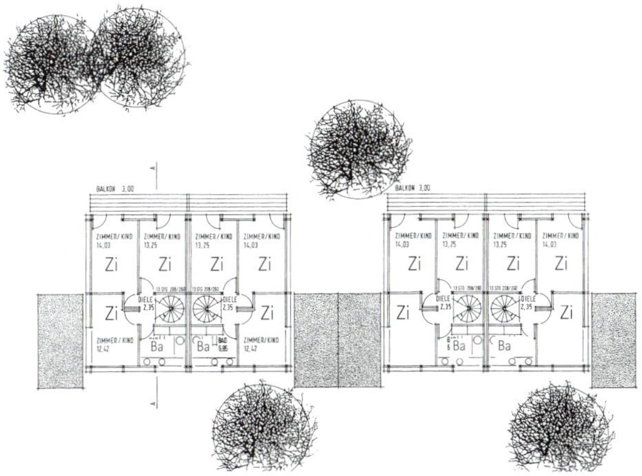


Obergeschoss

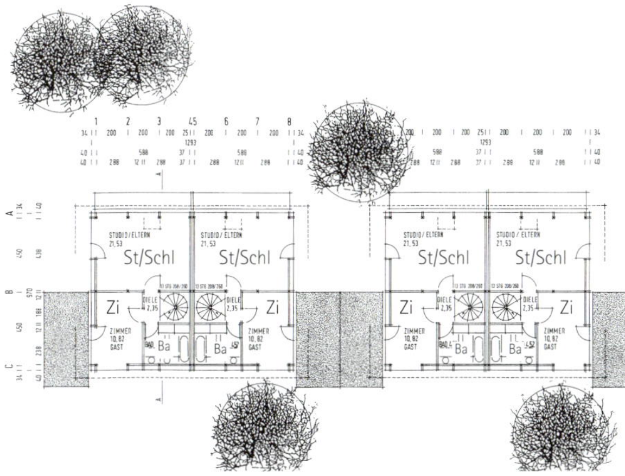


Dachgeschoss

Üppige Lichtschächte ermöglichen die teilweise Nutzung der Untergeschosse zu Wohnzwecken.

# Reihenholz Holzhäuser in Hockenheim

Eine ähnliche architektonische Philosophie wie hinter den zuvor dargestellten Doppelhäusern steht auch hinter dieser Reihenhauszeile in Hockenheim. Ingo Bucher-Beholz erhielt den Auftrag zu ihrem Bau zusammen mit einem Generalunternehmer durch Teilnahme an einem Wettbewerb der Stadt Hockenheim, der im Rahmen des Baden-Württembergischen Landesprogramms »Kostengünstige Reihenhäuser« stattfand.

Nicht als Passivhäuser ausgebildet, fielen sie nochmals deutlich günstiger aus als die Münchner Doppelhäuser, naturfarben belassen, zeigt die äußere Beplankung noch klarer das wesentliche Baumaterial Holz. Gerade für Reihenhäuser ist dies recht ungewöhnlich, insbesondere wegen der Anforderungen an Schallschutz und Brandschutz. Zwar lassen sie sich – mit nicht ganz unerheblichem Aufwand – problemlos erfüllen, doch aus suggestiven Gründen stehen Bauherren Haustrennwänden aus leichten Materialien eher skeptisch gegenüber. Auch unabhängig davon erfreuen sich Häuser in sichtbarer Holz-Skelett-Bauweise in Deutschland nicht so breiter Akzeptanz wie Massivbauten.

Ein wichtiges Anliegen Ingo Bucher-Beholz' ist jedoch, dass seine Bauherren die Architektur ihrer Häuser nicht nur akzeptieren, sondern sich möglichst mit ihr identifizieren. So lud er die etwa 20 an den elf Häusern interessierte Familien zu einer Exkursion ein, in deren Rahmen bereits ausgeführte Gebäude des Architekten besichtigt wurden. Die Bauinteressierten konnten sich somit eine recht genaue Vorstellung dessen, was sie erwarten würde, machen und überprüfen, ob sie sich diese Art der Architektur für sich selbst vorstellen konnten.

Mit einer Wohnfläche von 130 Quadratmetern und einer Teilunterkellerung fielen die Häuser etwas kleiner aus als ihre Münchner Geschwister. Die bei Reihenhäusern typischerweise reduzierte Privatheit der Freiflächen kompensieren sie durch eine Dachterrasse, die dem als Staffelgeschoss ausgebildeten Dachgeschoss vorgelagert wurde.

Die Raumaufteilung folgt vom Schema her wiederum dem bewährten Prinzip »Unten wohnen, oben schlafen«.

Links und rechte Seite: Die farblos lasierte, großformatige Holzverkleidung verrät das Baumaterial, ihre Anpressleisten zeichnen das tragende Skelett nach. Dachterrassen ergänzen die Gärten.

Ganz links: Kaum wahrnehmbar überdacht ein gläsernes Vordach den Hauseingang.
Links: Schwungvoll führt die Treppe ins Obergeschoss.
Rechte Seite: Viel Holz bestimmt auch die Innenräume.

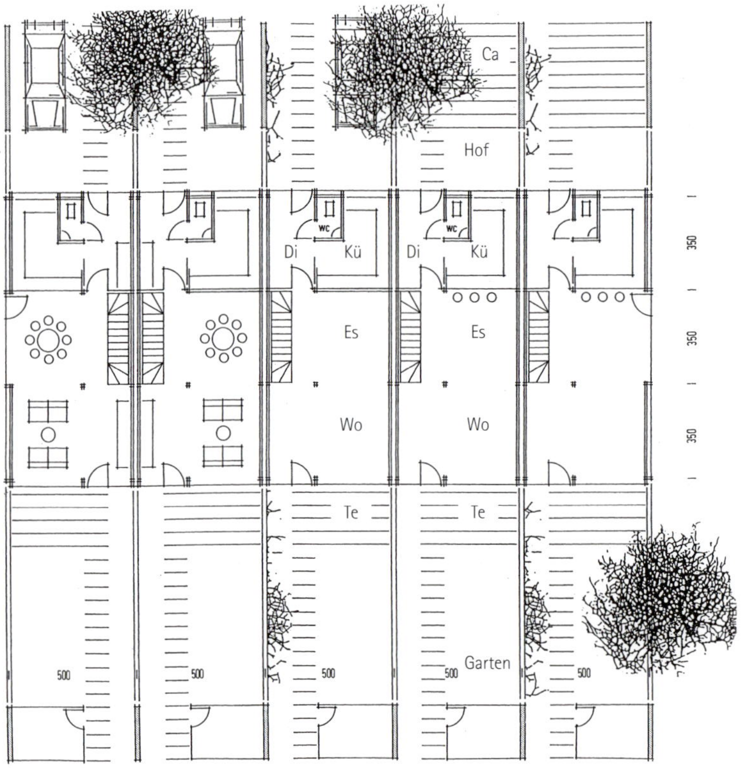


Erdgeschoss

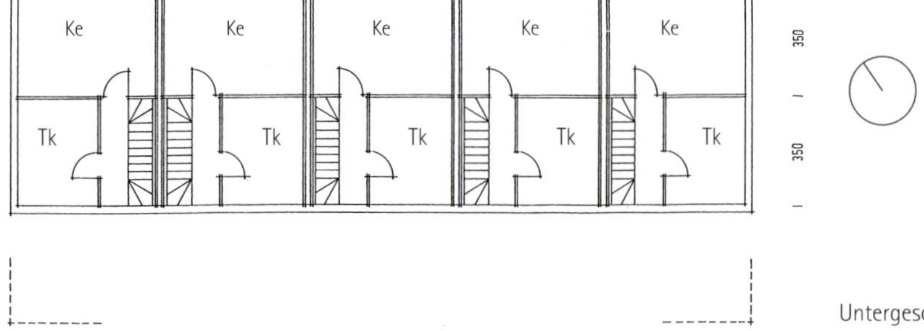


Untergeschoss

**Konstruktionsprinzip:** Holzskelett, ausgefacht mit Mineralfaserwolle, innenseitig Fermacell-Beplankung, außen Holzdreischichtplatten mit Vorschraubleisten-befestigung
**Wohnfläche:** 130 m² zzgl. 29 m² Keller
**Baukosten:** ca. 980 €/m² (Keller eingerechnet)
**Fertigstellung:** 2002

Fotos: Günther F. Kobiela, Stuttgart

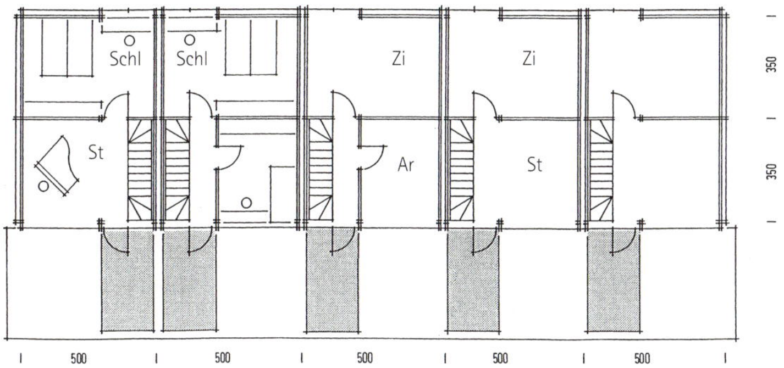


Dachgeschoss

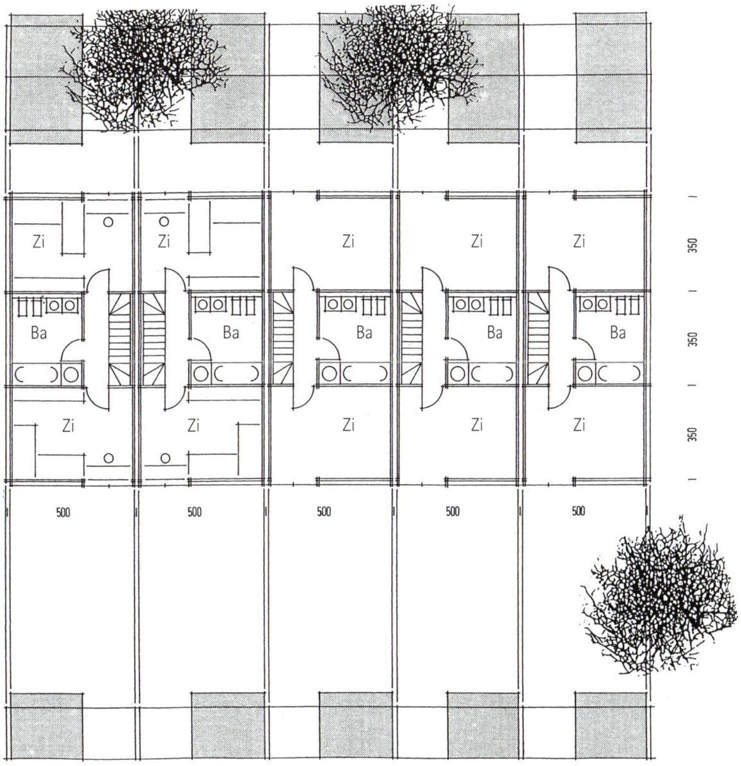


Obergeschoss

# Auf den zweiten Blick Wohnsiedlung in Eichenau

Für den flüchtigen Betrachter unterscheidet sich die Wohnanlage in Eichenau vielleicht nur wenig von manchen anderen Siedlungen. Doch spätestens auf den zweiten Blick fällt auf: Trotz der Zielsetzung, möglichst kostengünstig zu bauen, legten Architekt Peter Gasteiger und die Münchener Concept Bau als Bauträger großen Wert auf städtebauliche und architektonische Qualität.

Im Außenbereich der fußläufig erschlossenen Anlage zeigt sich dies beispielsweise an der einheitlichen Gestaltung der Gärten, die vor Verkauf der Häuser mit je einem Apfelbaum bepflanzt und mit filigranen, weinberankten Zäunen ausgestattet wurden. Den Hauseingängen vorgelagert wurden kleine, hölzerne Fahrradschuppen. Somit wurde ein einheitlicher Rahmen geschaffen, der auch nach individueller weiterer Gestaltung durch die Käufer ein »optisches Zerfallen« verhindert.

Nach Betreten eines der 8 Doppel- oder 28 Reihenhäuser ist man erstaunt über den großzügigen Raumeindruck – trotz Wohnflächen zwischen lediglich 93 und 130 Quadratmeter. Zu verdanken ist dies der für den Bautyp ungewöhnlichen Parzellierung des Baugrunds sowie der Proportionierung der Häuser. Anstatt des sonst üblichen schmalen und tiefen Zuschnitts der Grundstücke mit entsprechender Längsrichtung der Gebäude, wurden sie hier quer nebeneinander angeordnet.

Aufgrund der somit guten Belichtung und der optischen Einbeziehung des Gartens ins Innere macht sich die relativ geringe Tiefe der Räume subjektiv kaum bemerkbar, wogegen ihre ungewöhnliche Breite jenes Gefühl der Großzügigkeit aufkommen lässt. Dies gilt sowohl für den sich über die gesamte Hausbreite erstreckenden Wohn-/Essraum im Erdgeschoss, als auch für die darüber angeordneten Schlafräume im Obergeschoss. Einige Endhäuser verfügen darüber hinaus über ein Staffelgeschoss mit vorgelagerter Dachterrasse. Und auch in den Gärten kommt kein Gefühl der Enge auf, da der Abstand zwischen den Grundstücksgrenzen deutlich größer ist als beim typischen schmalen Reihenhaus.

Als Ziegel-/Stahlbeton-Mischkonstruktion ausgeführt, wurden die Gebäuderiegel mit einem Wärmedämmverbundsystem versehen und glatt weiß gestrichen. Partielle Holzverkleidungen fassen die Fensterelemente der einzelnen Häuser optisch zusammen und gliedern somit die Häuserzeilen.

Das Projekt entstand im Rahmen des Projekts »Kostengünstiger Wohnungsbau« des Landes Bayern. Die Zielsetzung des kostengünstigen Bauens wurde hier zum einen durch konstruktive Maßnahmen, wie die Verwendung von Fertigteilen realisiert, zum anderen aber auch durch architektonisch-städtebauliche, wie etwa die Grundflächenersparnis durch fußläufige Erschließung mit vorgelagerter Parkiermöglichkeit in Gemeinschaftsstellplätzen. Nicht zuletzt trug auch die Entscheidung für eine gemeinsame Heizanlage zur Kostenersparnis bei.

Linke Seite und oben: Die einzelnen Häuser wurden mit ihren Schmalseiten aneinandergereiht. Im Sommer zeigt sich die Siedlung als grüne »Gartenstadt«.

Oben und unten: Die Siedlung wird fußläufig erschlossen. Häuser und Gärten zeigen sich in einheitlichem Stil ohne eintönig zu wirken. Einzelne Elemente der Außenanlagen wie die Zäune und deren Berankung waren Bestandteil des Architektenentwurfs.

Konstruktionsprinzip: Ziegel-/Stahlbeton-Mischkonstruktion, Wärmedämmverbundsystem; partielle Holzverkleidungen
Wohnfläche: ca. 93–130 m²
Baukosten: ca. 950 €/m²
Fertigstellung: 2002

Fotos: Angelo Kaunat, Graz, München

Ba
Zi
Zi
Dachgeschoss
Ba
Zi
Zi
Obergeschoss
Kü
WC
Wo
Erdgeschoss
Eg
Wo
Eg
Kü
WC
Erdgeschoss
Ober-
geschoss
Dach-
geschoss
10
5
2
1
0
Schnitt
Giebelansicht

# Dörfliches Wechselspiel Hausreihe in Darmstadt-Eberstadt

In dörflicher Struktur des südlichen Darmstädter Stadtteils Eberstadt entdeckte ein Bauträger ein geeignetes Grundstück für den Neubau von vier Reihenhäusern. In fußläufiger Entfernung vom Ortskern günstig gelegen, war es zwar mit einer Gesamtgröße von gut 700 Quadratmetern recht knapp bemessen für das geplante Vorhaben, durch direkten Anschluss an ein Naturschutzgebiet allerdings unverbaubar. Die mit dem Entwurf betrauten, ortsansässigen Architekten Marion Boch und Peter Keller fanden für die diffizile Aufgabe eine augenscheinlich unkonventionelle, aber durchdachte Lösung.

Grundlegender Entwurfsgedanke war die umgebende, kleinteilige Struktur – giebelständige Satteldachhäuser intermittierend mit Hofeinfahrten. Der ausgeführte kompakte Vierspänner wurde dementsprechend dadurch gegliedert, dass zwei der Häuser an der Straße mit Satteldachgiebeln ausgeführt wurden, abwechselnd dazwischenliegend und zurückgesetzt zwei Gebäude mit waagerechter Struktur, analog zu den Hofeinfahrten des umliegenden Bestandes. Diese Gebäude erhielten ein Flachdach, Staffelgeschosse ermöglichten die Anordnung südlich zum Garten orientierter Dachterrassen.

Durch einen optischen Trick erfolgte eine weitere Anpassung an die Maßstäblichkeit des Umfeldes: Die Sockelgeschosse der Giebelhäuser wurden zur Straße farblich abgesetzt, die Staffelgeschosse der Flachbauten mit Holz verkleidet, die Höhe der Hauszeile somit scheinbar reduziert.

Die Wohnflächen erreichen mit 144 bis 154 Quadratmetern nahezu die Größe der einzelnen Parzellen, vier Zimmer mit zwei Bädern in den Obergeschossen lassen vielfältige Nutzungsmöglichkeiten zu. Im Erdgeschoss befinden sich die abgeschlossene Küche sowie der Ess- und Wohnbereich. Großzügige Verglasungen ermöglichen die Einbeziehung des Gartens und schaffen fließende Übergänge zwischen innen und außen. Drei Kellerräume bieten ausreichende Lagermöglichkeiten.

Die kleine Anlage fügt sich in den Bestand ein und fällt doch auf – auf sympathische Weise. Sie zeigt, dass auch mit einem Bauträger (hier: Dorothee Gross – Schönes Wohnen GmbH, Seeheim) und unter wirtschaftlichen Aspekten hochwertige Architektur möglich ist – wenn die richtigen Entwurfsverfasser beauftragt werden.

Durch den Versatz der Häuser gegeneinander wurde auch eine gewisse Intimität der Terrassen erzielt.

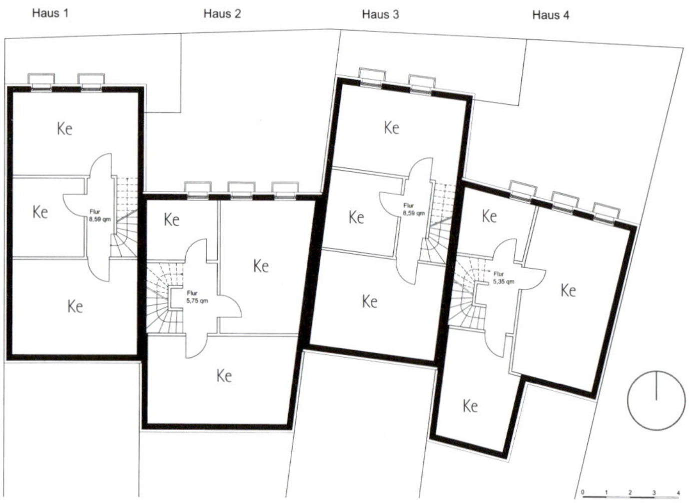


Kellergeschoss

Erdgeschoss

Konstruktionsprinzip: Massivbauweise, Wärmedämmverbundsystem
Wohnfläche: 144–154 m²
Baukosten: ca. 1300 €/m² (Keller eingerechnet)
Fertigstellung: 2003

Fotos: Eicken + Mack Fotografie, Mühltal

Der Entwurf der Reihenhauszeile interpretiert die umgebende dörfliche Struktur auf ungewöhnliche Weise.

Obergeschoss

Dachgeschoss

Die Staffelgeschosse der zurückgesetzten Häuser wurden mit Schichtholz-Platten verkleidet, davor Dachterrassen angeordnet.

Die Wohnräume setzen sich über breite, bodentiefe Fenster in den Garten fort.

# Groß und nützlich Doppel-Einfamilienhäuser in Geroldswil

Ungewöhnliche Großzügigkeit der Räume wie der Freiflächen zeichnet die Doppelhäuser der Architekten Unger & Treina aus. Das Erdgeschoss wurde nahezu in seiner Gesamtheit als offener Wohn-/Essbereich gestaltet, der Eingangsbereich wurde lediglich durch Wandvorsprünge optisch abgetrennt. Von hier erfolgt auch die Erschließung der Obergeschosse: im ersten Obergeschoss fanden nach Wunsch der Bauherren zwei bis drei Zimmer Platz, wobei auch bei der 3-Zimmer-Variante keines kleiner als 16 Quadratmeter ausfiel. Hieraus resultieren gute Nutzbarkeit und nicht zuletzt ein großzügiges Raumgefühl. Darüber, im Staffelgeschoss wurde ein Atelierraum mit umlaufender Dachterrasse angeordnet, geeignet beispielsweise als heller Büroraum.

Zur Straße wurden je Wohneinheit zwei Garagen vorgelagert, rückseitig blieb Raum für gut nutzbare Gärten. Die durch Schmetterlingsdächer und Rundfenster markanten Häuser wurden in ein bestehendes Baugebiet eingefügt.

Oben: Garagenzeilen trennen die Häuser von der Straße.
Rechte Seite: Als wäre es nur mal kurz aufgeklappt: charakteristisches Merkmal der Häuser sind die Schmetterlingsdächer der Staffelgeschosse.

Unten und rechts: Üppig für Doppelhäuser fielen die Raumgrößen aus, extravagant die Einrichtung der Bewohner.

Konstruktionsprinzip: Außenwände 17,5 cm Mauerwerk mit 14 cm Wärmedämmung; Decken als Betonfertigteile; Metall-Dacheindeckung
Wohnfläche: 255 m²
Baukosten: ca. 2400 sFr/m²
Fertigstellung: 2000

Fotos: Pascal Böni, Goldach

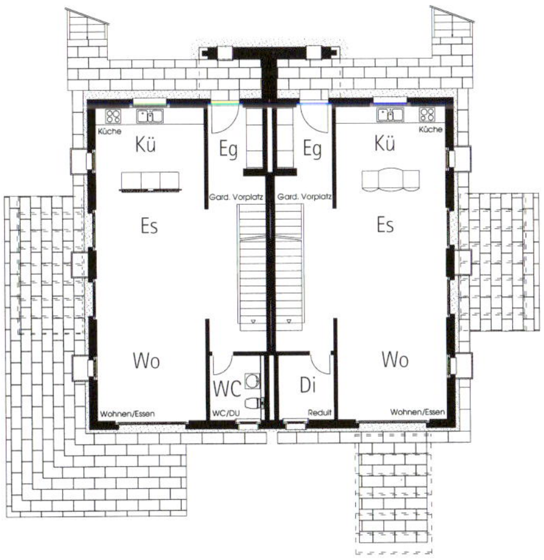


Erdgeschoss

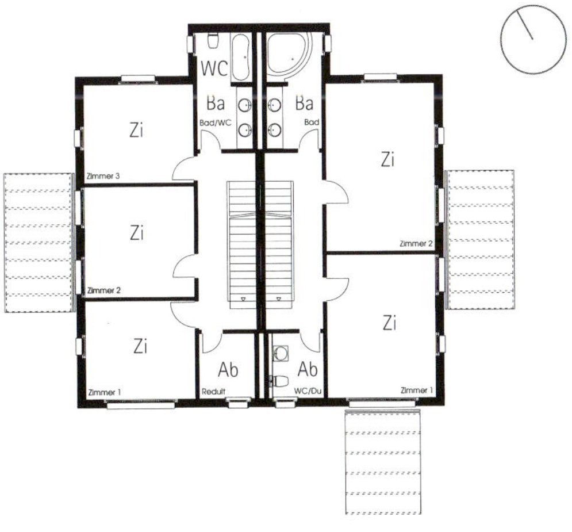


Obergeschoss

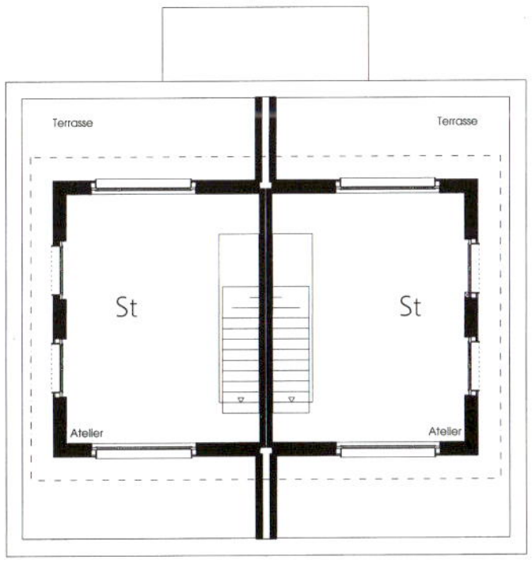


Dachgeschoss

# Qualität statt Quantität Siedlung in Berlin

Das Areal am Großen Wannsee hat Geschichte: im Bereich der im 19. Jahrhundert gegründeten »Villenkolonie Alsen« gelegen, standen auf dem 25000 Quadratmeter umfassenden Gelände in der Umgebung der Sommerresidenzen wohlhabender Berliner die herrschaftlichen Villen der Familien von der Heyd und Abel. Prächtige Bäume aus dieser Zeit, die schon ursprünglich die Akzente bei der Gartengestaltung setzten, prägen noch heute als einzige Zeugen jener Epoche das Gelände.

In den frühen 1960er Jahren wurde hier die so genannte Wannsee-Klinik gebaut. Ein 11-geschossiges Bettenhaus war weit sichtbares Zeichen dieser Rehabilitationseinrichtung, 1997 wurde der Betrieb eingestellt.

Nach einigen Jahren des Stillstands entwickelten die Architekten Quick Bäckmann Quick & Partner für das katholische Petruswerk als Investor in Abstimmung mit dem zuständigen Bezirksamt einen neuen Bebauungsplan, der bei größtmöglicher Schonung des erhaltenswerten Baumbestands den Abbruch der Klinik und die Errichtung von hochwertigen Einfamilienhäusern und Eigentumswohnungen vorsah.

26 Einfamilienhäuser wurden als Doppelhäuser und gereihte Einzelhäuser in den folgenden Jahren ausgeführt, 14 Wohnungen werden in Kürze folgen. Nahezu die Hälfte der Fläche blieb unbebaut und bildet heute größtenteils einen gemeinschaftlich genutzten Park, um den sich die Gebäude mit Privatgärten gruppieren – Qualität ging hier vor Quantität, ein Konzept, das sich unzweifelhaft gelohnt hat.

Die Architektur der Anlage bezieht ihren besonderen Reiz aus zurückhaltender Schlichtheit. Die klaren Kuben, in leicht geschwungenem Bogen stelenartig aufgereiht, wirken mit ihren großformatigen Glasflächen geradezu leicht und erwecken in Verbindung mit dem Park den Eindruck, hier wäre es schon immer so gewesen. Neben den über zwei Geschosse durchgehenden Glasfassaden bestimmen die kleinformatigen Torfbrandklinker der Verblendschale das Erscheinungsbild der Häuser.

Die Großzügigkeit und Klarheit der Anlage setzt sich im Inneren mit Wohnflächen um 220 Quadratmeter fort. Den Wünschen der Käufer entsprechend wurde eine Vielzahl verschiedener Grundrissvarianten realisiert, für die beispielsweise galerieartige Verbindungen der Geschosse oder offene Kamine charakteristisch sind.

Links und rechte Seite: Unterschiedliche Typen von Häusern – Doppelhäuser und gereihte Einzelhäuser – gruppieren sich um den Baumbestand des alten Parks.

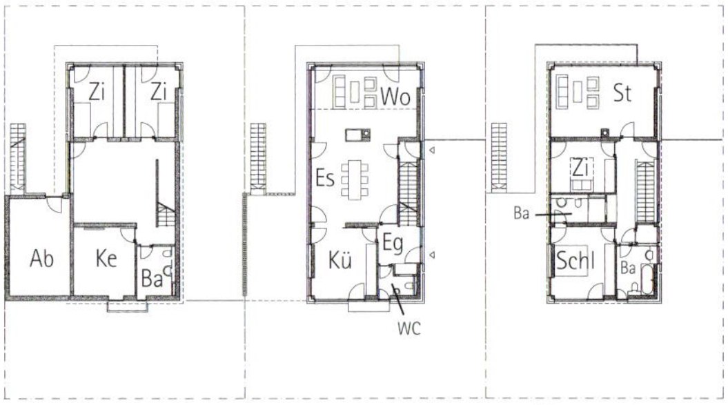


Gartengeschoss Erdgeschoss Obergeschoss

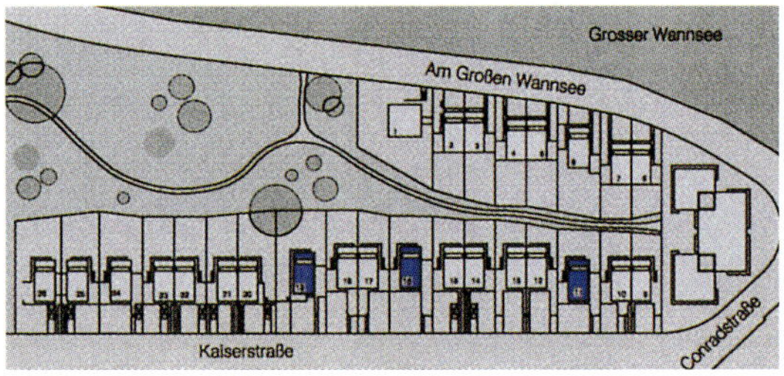


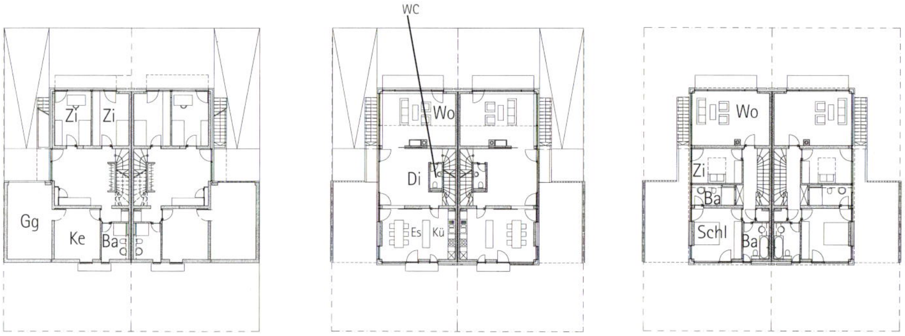


Gartengeschoss Erdgeschoss Obergeschoss

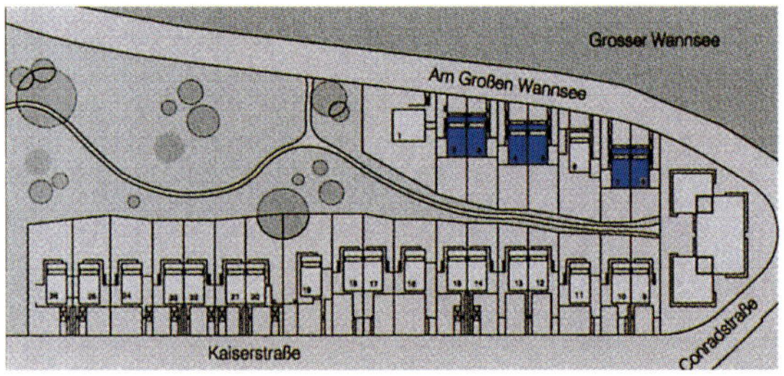

Ganz oben und oben: Im Inneren wurden verschiedene Grundrissvarianten realisiert. Allen gemeinsam sind die Zweigeschossigkeit des Wohnraums, der offene Kamin …

Konstruktionsprinzip: Zweischaliges Mauerwerk: Kalksandstein, Wärmedämmung, Torfbrandklinker
Wohnfläche: +/- 220 m²
Baukosten: ca. 1400 €/m²
Fertigstellung: 2003

Fotos: Klemens Ortmeyer, Braunschweig; Volker Kreidler, Berlin

Rechts und unten: ... sowie bewusste Einfachheit der Materialien und Helligkeit durch große Glasfassaden.

# Kostengünstiger Charme Reihenhauszeile in Kassel

Außergewöhnlich kostengünstig und zugleich außergewöhnlich großzügig für Reihenhäuser planten und bauten Karampour & Meyer Architekten eine kompakte Hauszeile mit vier Einheiten in Kassel. Bei der Stadt stieß das Vorhaben, in dem zentral gelegenen Neubaugebiet Reihenhäuser zu errichten, zunächst auf wenig Gegenliebe und so wurde der Gemeinschaft der vier bauwilligen Familien das am minderwertigsten erscheinende der städtischen Grundstücke zugewiesen.

Was zunächst als Nachteil erschien, erwies sich im Nachhinein als Glücksfall: Der Bauplatz liegt durch Bäume und die Rückfront einer Garagenzeile geschützt vor Einblicken und der Geländeversprung von 1,5 Metern konnte entwurflich genutzt werden um in Split-Level-Anordnung ein offenes Raumkontinuum sowie einen hohen Wohnraum mit Galerie zu realisieren. Auf insgesamt 180 Quadratmetern Wohnfläche, verteilt auf sechs Ebenen, bietet sich das übliche Raumprogramm – unten Wohnen, Essen, Kochen, oben Schlafen und Arbeiten – dar, völlig variabel aufteilbar nach den Wünschen der Bewohner, da sämtliche Innenwände nichttragend in Leichtbauweise ausgeführt wurden. Hinzu kommt ein kleiner Kellerraum unter einer Haushäfte. Der aufgrund minimaler Grundstücksgrößen zwischen 200 und 330 Quadratmeter beschränkte Gartenbereich wurde durch eine Dachterrasse erweitert.

Von außen zunächst gewöhnungsbedürftig erscheint die Kombination des weiß verputzten Satteldachbaus mit dem grau gestrichenen, durch eine Glasfuge getrennten »Anbau« zum Garten. Doch bei näherem Hinsehen entfaltet der Entwurf seinen Charme, nicht zuletzt durch seine sympathischen Details: etwa der regengeschützte Eingangsbereich als Einschnitt im Baukörper, die filigran-leichte Innentreppe oder die Fortsetzung der Galerie des Wohnraumes in einem kleinen Balkon oberhalb der Terrasse.

Mit 800 bis 900 Euro pro Quadratmeter Wohnfläche lagen die reinen Baukosten in einem Bereich, den man sonst nur von reduziertester, eintöniger Architektur zigfach produzierter Typenhäuser kennt. Erreicht wurde dieser günstige Preis durch eine Vielzahl durchdachter Detailpunkte bei Entwurf und Konstruktion, aber auch durch intensive Gespräche und Vorplanungen aller am Bau Beteiligten.

Rechte Seite: Nach außen setzt sich das Gebäude aus zwei stilistisch unterschiedlichen Teilen zusammen: rechts »Vogelhaus«, links »Bauhaus«.

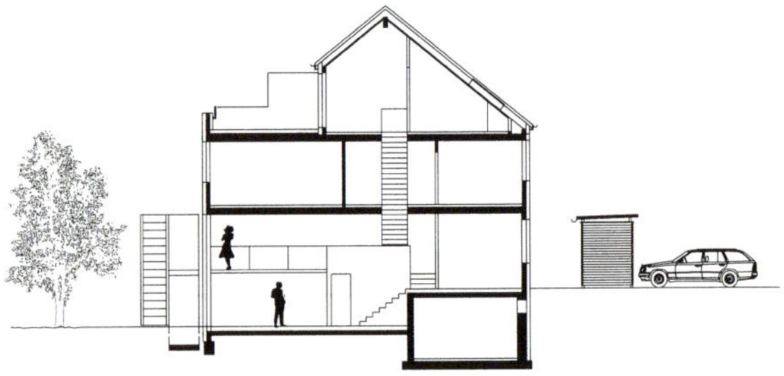

Schnitt

Unten und rechte Seite: Durch die Split-Level-Anordnung ergab sich ein großzügiges Raumgefüge. Der Wohn-/Essbereich reicht teilweise über zwei Geschosse und beinhaltet eine Galerie.

Von der Gartenseite erinnert der Entwurf an die Klassische Moderne.

Konstruktionsprinzip: Außenwände 15 cm Kalksandstein-Mauerwerk mit 14 cm Wärmedämmverbundsystem; Innenwände Gipskarton-Ständerkonstruktion; Decken als Betonfertigteile
Wohnfläche: 180 m² zzgl. 23,70 m² Kellerraum
Baukosten: ca. 800 – 900 €/m² (inkl. Keller und Außenanlagen)
Fertigstellung: 2002

Fotos: Hong Zhang, Kassel

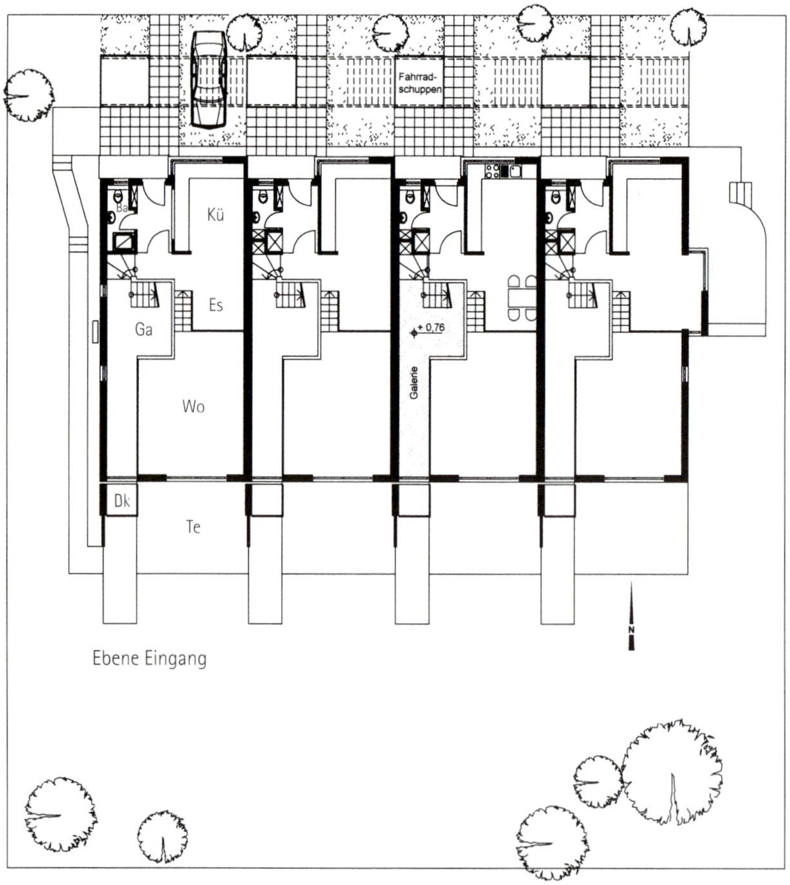


Ebene Eingang

Im Bereich der Haustür springt die Erdgeschossfassade zurück.

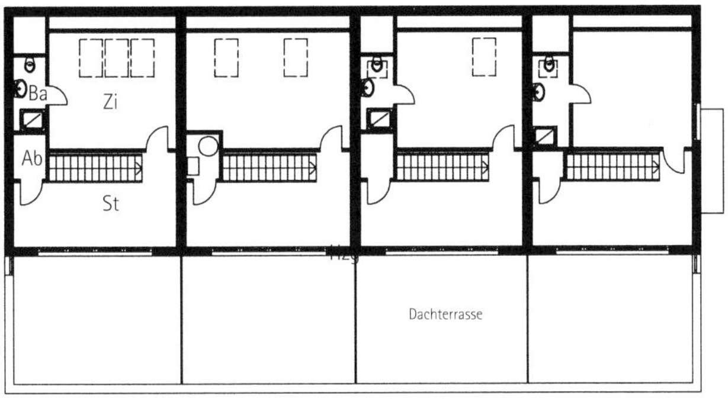


Dachgeschoss

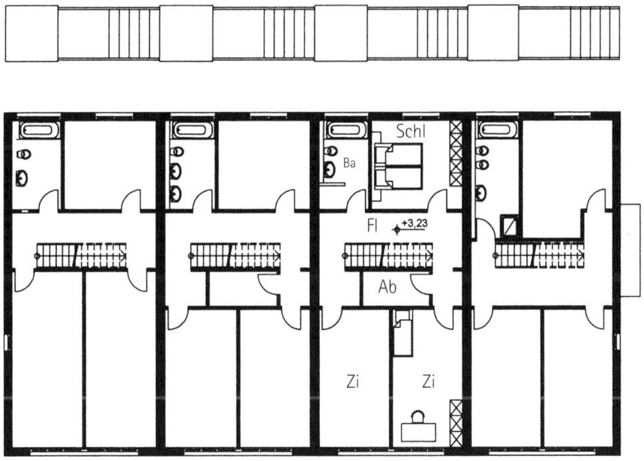


1. Obergeschoss

# Innig verschlungen Verschachtelte Einfamilienhäuser in Dreieich-Buchschlag

Doppelhäuser sind Einfamilienhäuser, die paarweise mit einer gemeinsamen Trennwand aneinander gebaut sind – so die übliche Ansicht. Dass aus der nachbarschaftlichen Berührung auch ein inniges Verschlungen-Sein werden kann, zeigen Karl Schubert und Stefan Seuß mit diesem Beispiel in Dreieich-Buchschlag.

Das leicht in Nord-Süd-Richtung gestreckte Grundstück, die relativ großzügigen Wohnflächen und das Ziel, beide Häuser zumindest teilweise nach Süden auszurichten, führten zu der ungewöhnlichen Lösung, eine Hälfte in die andere zu schieben beziehungsweise eine um die andere zu legen. Somit entstand ein Gebäude, das erst bei genauerem Hinsehen seine Identität als Doppelhaus erkennen lässt. In der Wirkung verstärkt durch den zweifarbigen Anstrich in Weiß und Orange-Braun gibt es sich als geschickt gestaffelte Komposition mehrer Kuben. Diese werden von Fensterbändern durchzogen, die teilweise über Eck geführt werden, wodurch das gesamte Gefüge optisch an Schwere verliert.

Im Inneren überzeugen Detaillösungen. Im südlichen Haus etwa die Trennwand zwischen Eingangsbereich und Wohnraum: meanderförmig fasst sie einen Garderobenschrank sowie einen Einbauschrank zum Wohnraum und den offenen Kamin zusammen. Oder, im selben Haus, der über zwei Geschosse reichende und von oben belichtete Essplatz. Zum einen wurde somit das Belichtungsproblem der von zwei Seiten umfangenen Hausecke auf elegante Weise gelöst, zum anderen eine galerieartige Verbindung zwischen den beiden Geschossen geschaffen und nicht zuletzt eine großzügige Atmosphäre erzeugt. Zwischen Wohn- und Essbereich wurde die Treppe als filigrane Holz-Stahl-Glas-Konstruktion angeordnet.

In der anderen, nördlichen Hälfte des Gebäudes erwähnenswert ist beispielsweise das als Staffelgeschoss ausgebildete zweite Obergeschoss: Turmzimmerartig, von Süden über große Fenster besonnt und mit vorgelagerter Dachterrasse entstand auch hier ein Raum mit besonderem Flair.

Ansonsten finden sich in den Obergeschossen beider Häuser jeweils drei Zimmer, ein Bad sowie eine zusätzliche Toilette. Durch die großformatigen Fensterbänder werden alle Räume von Licht durchströmt, bei Orientierung nach Süden können solare Wärmeenergiegewinne nutzbar gemacht werden. Ein weiteres Zimmer im Untergeschoss des südlichen Gebäudeteils wird über einen großzügig abgegrabenen Bereich belichtet.

Eckfenster nehmen dem Gebäude Schwere.

Von außen betrachtet, setzt sich das Doppelhaus aus mehreren unterschiedlichen Kuben zusammen.

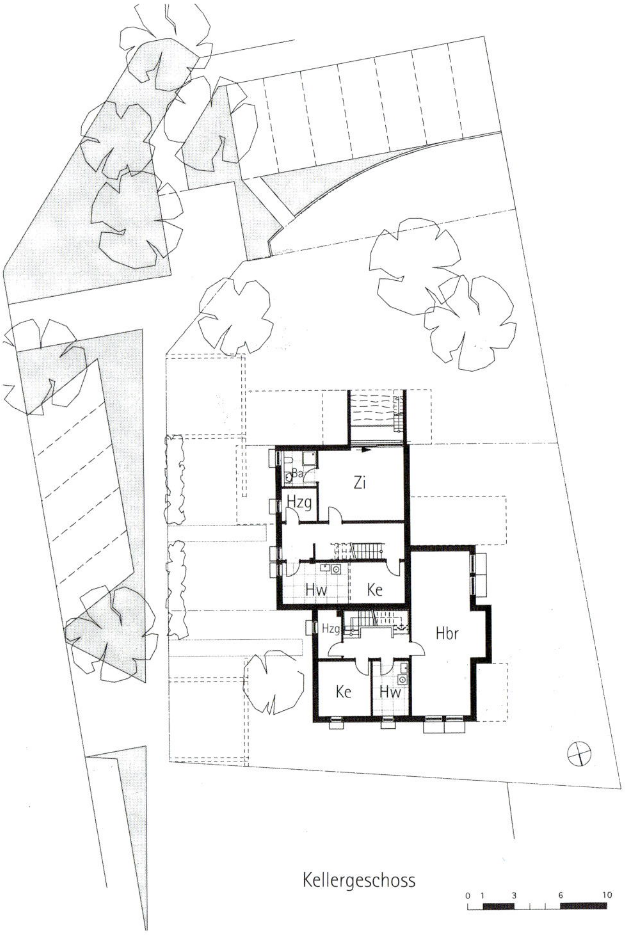


Kellergeschoss

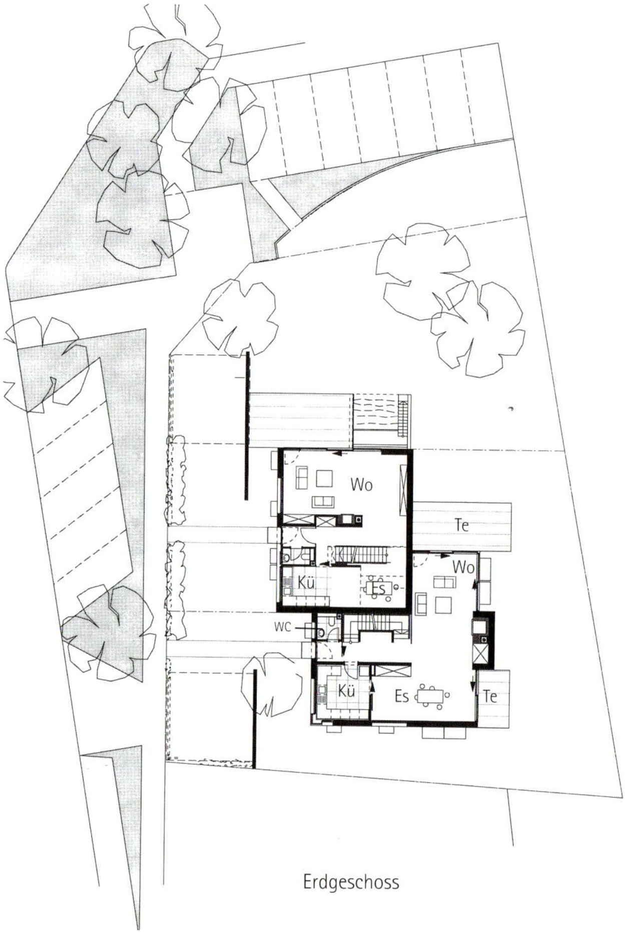


Erdgeschoss

Konstruktionsprinzip: Massivbauweise, Wärmedämmverbundsystem
Wohnfläche: ca. 180 m²
Baukosten: ca. 1420 €/m²
Fertigstellung: 2001

Fotos: Sebastian Sauer, Büro Schubert und Seuß, Darmstadt

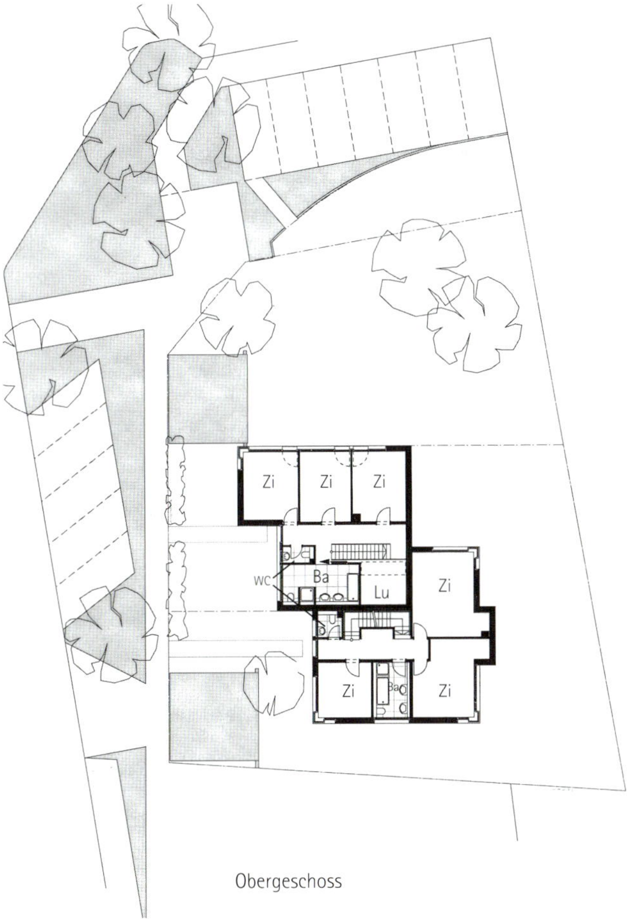


Obergeschoss

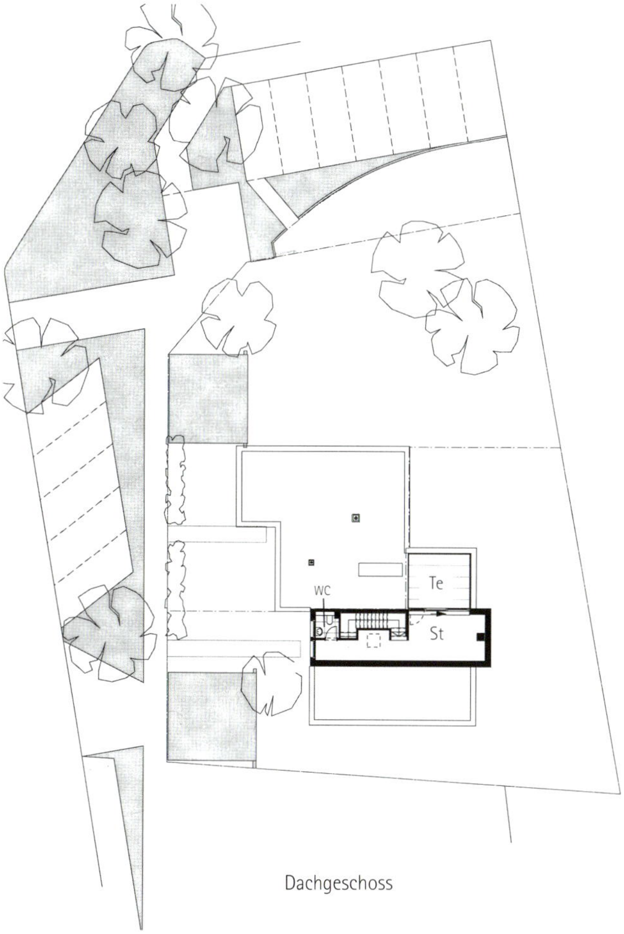


Dachgeschoss

Linke Seite und rechts: Beinahe skulptural steht die Treppe im Raum. Der zweigeschossige Essplatz wird von oben belichtet (ganz links und rechts).

# Regal mit Rucksack Doppelwohnhaus in Mühltal-Trautheim

Als »Wohnregal mit Rucksack« bezeichnen die Architekten selbst ihren extravaganten Doppelhausentwurf. Sie planten ihn für ein Grundstück in dörflicher Umgebung, auf dem niemand mit einem derartigen Bau gerechnet hätte: Die Parzelle war teuer aufgrund ihrer Lage – am Waldrand und in Stadtnähe – und ihres schmalen Zuschnitts sowie einer Gesamtgröße von gerade mal 300 Quadratmetern scheinbar völlig ungeeignet für die Aufgabe »Doppelhaus«.

Die beiden Bauherren allerdings hatten wohl den Wunsch nach eigenen Häusern, nicht aber nach Gärten, der Bebauungsplan machte keine über Gebühr einschränkenden Vorschriften und die Architekten sahen die noch verbleibenden Einschränkungen mehr als Herausforderungen denn als unlösbares Problem.

So entstand jenes »Wohnregal«: drei Wohnebenen, je Haus ein durchgehender Raum, auf Wunsch teilbar, eine der Ebenen abgesenkt ins Erdreich mit vorgelagertem Lichthof, obenauf eine Dachterrasse. Durch längliche Form der Räume bei Seitenverhältnissen von etwa 2:1 und eine Schmalseite als Schnittstelle beider Haushälften ergab sich jene lange, schmale, »regalartige« Konstellation. Der scheinbar aufgesattelte Rucksack dient der Erschließung über eine zweiläufige Treppe und beinhaltet ein Bad im ersten Obergeschoss. Zudem ist in ihn ein Staffelgeschoss integriert, das teilweise über das »Regal« übergreift und von dem aus die Dachterrasse zugänglich ist.

Besonders bemerkenswert ist, dass die Häuser nahezu ohne reine Erschließungsfläche auskommen. Lediglich die Vorbereiche der Treppe wurden in den unteren drei Geschossen gegenüber üblicher Podestbreite aufgedoppelt, von hier aus werden sämtliche Räume erschlossen.

Das Gebäudeinnere wird durch große, bodentiefe Fenster hell belichtet, Oberlichter über den Innentüren lassen das Licht auch durch die Raumgrenzen passieren.

Ähnlich überlegt wie die Formensprache ist die Materialwahl: außen setzt sich der »Rucksack« durch seine Verschalung aus Lärchenholz vom glatt verputzten und in zwei Grautönen gehaltenen »Regal« ab, im Inneren wurden die Wände ebenfalls glatt verputzt und die Böden mit Birkenparkett und Feinsteinzeug belegt.

Links: Beide Haushälften setzen sich farblich voneinander ab.
Rechte Seite: Der mit Holz verkleidete Erschließungstrakt und das Staffelgeschoss wirken wie ein Rucksack.

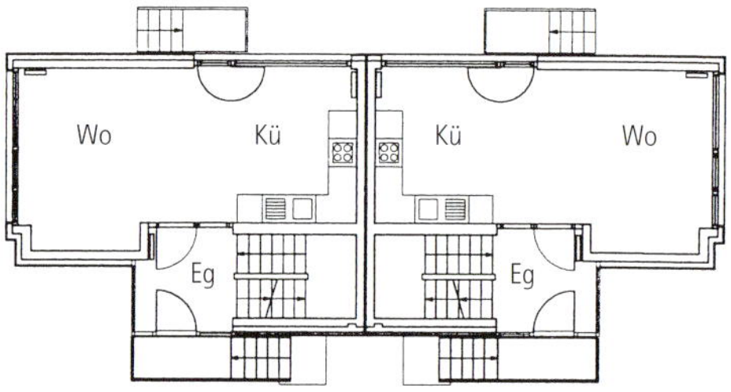


Erdgeschoss

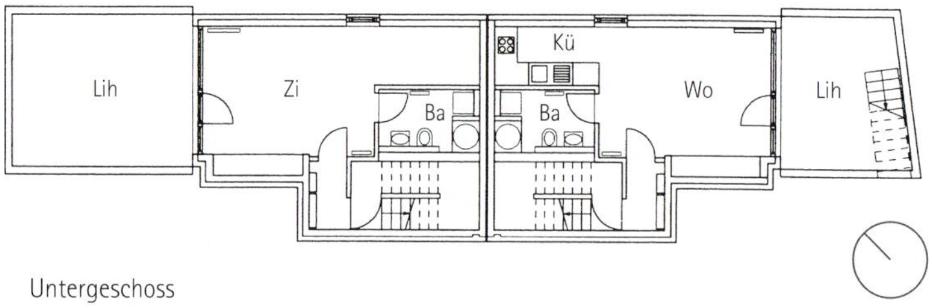


Untergeschoss

Konstruktivistisch gibt sich der Scheiben-Entwurf der Treppe.

Ansicht

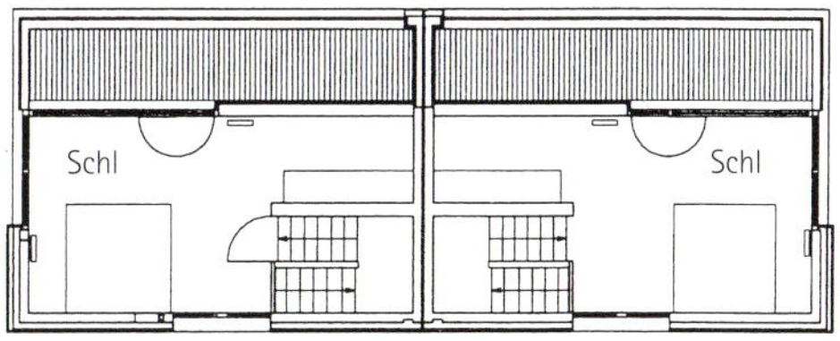


Dachgeschoss

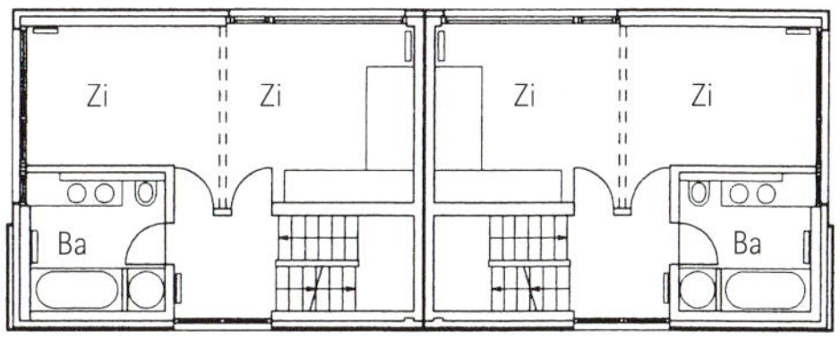


Obergeschoss

Das Haus setzt sich deutlich von der Nachbarbebauung ab.

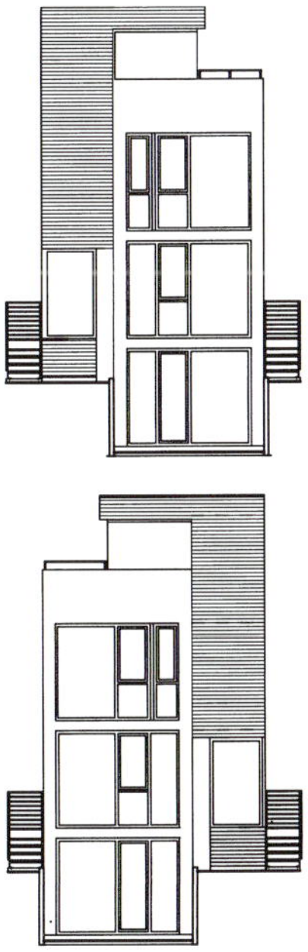

Ansicht

**Konstruktionsprinzip:** Mauerwerksbau mit Wärmedämmverbundsystem bzw. Lärchenholz-Verschalung; teilvorgefertigte Decken (Filigrandecken)
**Wohnfläche:** 130 m² zzgl. 6 m² Nutzfläche
**Baukosten:** ca. 1400 €/m²
**Fertigstellung:** 1999

**Fotos:** Hirschmüller Schmidt Kaschub, Darmstadt

# Ungleiche Schwestern Einfamilienhäuser in Düsseldorf

Das dreieckige Grundstück galt als nahezu unbebaubar: einen Großteil der Fläche beanspruchte eine mächtige alte, zu erhaltende Esche, im Süden angrenzend eine eingeschossige Brandwand, an die ein Neubau unmittelbar anschließen sollte – ebenfalls eingeschossig und somit ohne Südlicht. Doch die Lage der Parzelle reizte die Bauherren: Unmittelbar am Mauerweg der ehemaligen Stadtbefestigung gelegen, ist der Ortskern des heutigen Düsseldorfer Stadtteils Gerresheim in wenigen Augenblicken fußläufig erreichbar, städtische Infrastruktur und beinahe dörfliche Ruhe sind hier in angenehmer Weise vereint.

Das Atelier Fritschi-Stahl-Baum nahm die Herausforderung des Planungsauftrags an und nutzte die scheinbaren Widrigkeiten als Basis für die architektonische Lösung: die beiden zusammenhängenden Einfamilienhäuser wurden um den Baum herumgeführt und erinnern weniger an ein »Doppelhaus«, als an die hier, wie in vielen alten Städten, übliche Bauweise eines hohen Vorderhauses, an das ein lang gestrecktes Hinterhaus anschließt.

Letzteres versahen die Architekten mit einem aufgrund reduzierter Grundfläche nicht als Vollgeschoss geltenden Galeriegeschoss und ermöglichten somit trotz Grenzbebauung die Belichtung von Süden. Durch die großzügige Glasfassade der Galerieebene des zweigeschossigen Wohnraums durchdringt winterliches Sonnenlicht das Gebäude in voller Tiefe, filigrane Holzlamellen erzeugen interessante Schatten und schützen im Sommer vor Überhitzung. Östlich schließen an den Wohnraum die Schlafräume an: im Erdgeschoss zwei Kinderzimmer, im Obergeschoss der Elternschlafraum. Im Westen fand eine Sonnenterrasse Platz, die über eine Stahltreppe mit dem nach Norden orientierten Garten verbunden ist.

Auch das turmartige »Vorderhaus« verfügt über eine Dachterrasse als sonnigen, intimen Freibereich. Hier wurde sie in das zweite Obergeschoss integriert. Markantes Zentrum des Hauses ist eine quer durchlaufende »Himmelstreppe«, die die drei Ebenen auch optisch verbindet und den Eindruck besonderer Großzügigkeit vermittelt – eine meist aus Repräsentativbauten bekannte Treppenanordnung, die bei geschickter Planung keineswegs mehr Fläche beansprucht als übliche einläufige Treppen.

Zunächst wohl nicht jedermanns Sache ist die rosa Farbgebung der Häuser, die die Architekten in Anlehnung an die umgebende, polychrome Gründerzeitbebauung vornahmen und die somit aus dem situativen Kontext heraus verständlich wird. Zudem ist Farbe als »kostengünstigstes, emotional anrührendes, dekoratives Element« nahezu unverzichtbar für Professor Niklaus Fritschi, der bei Formen und Materialien hingegen Qualität eher in Zurückhaltung und Reduktion sieht. Auch das relativ geringe Budget der Bauherren lenkte den Entwurfsprozess in diese Richtung – durchaus zum Vorteil der architektonischen Qualität.

Oben: Beide Häuser wurden um eine alte Esche gruppiert, die heute den Garten prägt.
Rechts: Das Ensemble wurde in den alten Ortskern von Düsseldorf-Gerresheim eingefügt.
Linke Seite: Das burgturmähnliche Vorderhaus.

Die »Himmelstreppe« des Turmhauses sorgt für Großzügigkeit.

Oben: Im Inneren ergeben sich immer wieder interessante Blickkompositionen. Hier in Verbindung mit einem Fenster des Badezimmers zum Wohnraum.
Rechts: Blick von der Galerie auf den Essplatz im Langhaus.
Unten: Trotz der an das Langhaus angrenzenden geschosshohen Mauer gelang es, dieses von Süden zu belichten.

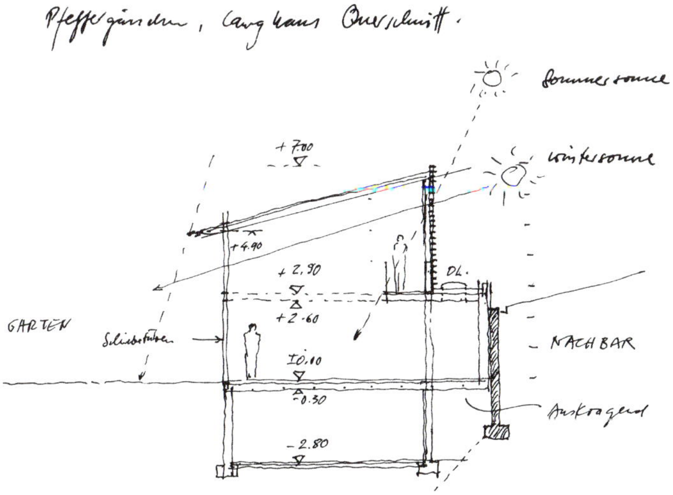

Konstruktionsprinzip: Massivbau (Kalksandstein) mit Wärmedämmverbundsystem; Dächer bituminös abgedichtet
Wohnfläche: 195 m² (Turm); 170 m² (Langhaus)
Baukosten: ca. 1030 €/m² (Turm); ca. 1630 m² (Langhaus)
Fertigstellung: 2003

Fotos: Nicola Roman Walbeck, Düsseldorf

Lageplan

Raumbestimmend wirkt die Holzscheibe, hinter der die Treppe zur Galerie führt.

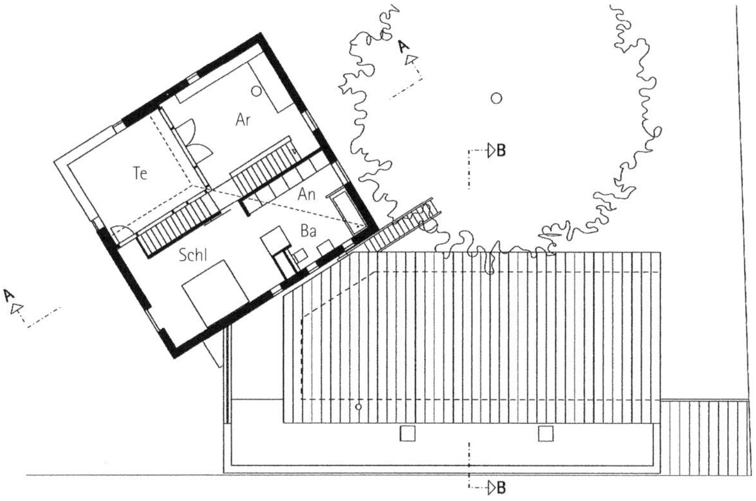


Dachgeschoss

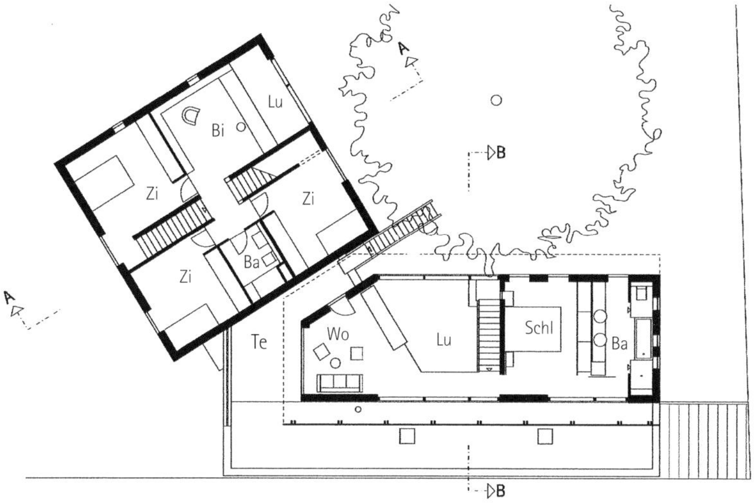


Obergeschoss

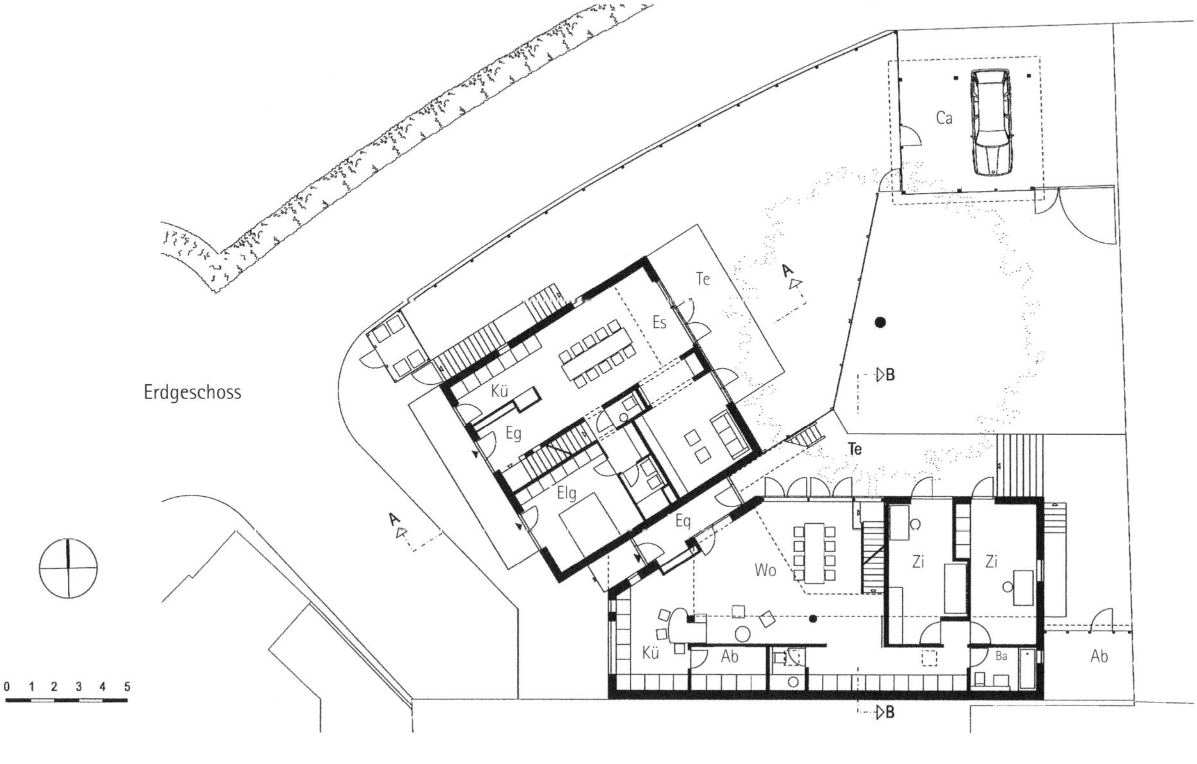


Erdgeschoss

# Naturverbunden Wohnbebauung in Pfullingen

In einer landschaftsökologisch sensiblen Umgebung wurde eine Wohnanlage erstellt, die das Miteinander von Natur und Wohnen zum Thema hat. Als städtebauliche Abrundung der bestehenden Wohnbebauung am südlichen Ortsrand von Pfullingen beinhaltet die Anlage Geschosswohnungen unterschiedlicher Art sowie acht Reihenhäuser, die der Architekt Thomas Bamberg am höchsten Punkt des Geländes errichtete. Diese Lage ermöglichte Privatheit der Einfamilienhäuser innerhalb der Gesamtanlage.

Alle Gebäude des Neubaugebiets wurden hofartig gruppiert, um somit maßstäbliche, Identität stiftende Einheiten zu schaffen. An einen dieser Höfe wurden die beiden Reihenhauszeilen mit jeweils vier Einheiten im Winkel zueinander angegliedert, eine der beiden Zeilen wird auf diesen Seiten vorgestellt.

Die Gebäude sind mit den Wohnräumen nach Westen beziehungsweise nach Süden bestmöglich zur Sonne ausgerichtet, um hierdurch solare Wärmeenergiegewinne nutzbar machen zu können.

Rückseitig schließt eine Obstwiese an die Grundstücke an, erweitert die privaten Freibereiche und sorgt für gefühlsmäßige Großzügigkeit.

Die in den Hang gebauten Häuser sind über vier Ebenen organisiert. Auf Straßenniveau liegt das Untergeschoss, hier befinden sich die integrierte Garage sowie die Kellerräume. Über die tief in das Gebäude eingreifende Außentreppe erreicht man die mittig liegende zweiläufige Innentreppe. Deren zentrale Position ermöglichte eine ökonomische Erschließung bei gleichzeitiger Minimierung von Flur- und Verkehrsfläche.

Im Erdgeschoss auf Höhe des Gartens wurde ein durchgehender Wohnraum angeordnet, der bei den beiden Endhäusern über zwei Seiten belichtet wird und somit hell und großzügig wirkt. In den Obergeschossen befinden sich die Schlafräume.

Die Häuser wurden als weiß verputzte Massivbauten ausgeführt. Alle Innenwände sind nichttragend, sodass die Aufteilung der Räume individuell und weitestgehend nach den Wünschen der einzelnen Bewohner erfolgen konnte, was allerdings aufgrund des größeren Planungsaufwands die Baukosten erhöhte. Begrünte Dächer mit Regenwasserrückführung sowie Vorinstallationen für Solaranlagen sind Bestandteil des ökologischen Konzepts.

Im Hanggeschoss fanden Garagen Platz. Die Außentreppen schneiden in das Gebäude ein.

Links, oben und rechts: Klare Linien und gelungene Proportionen prägen das Erscheinungsbild des Vierspänners. Die privaten Gärten gehen in eine Obstwiese über.

Oben: Bodentiefe Fenster schaffen Aus- und Einblicke.
Rechts: Klare Formensprache auch bei der Einrichtung.

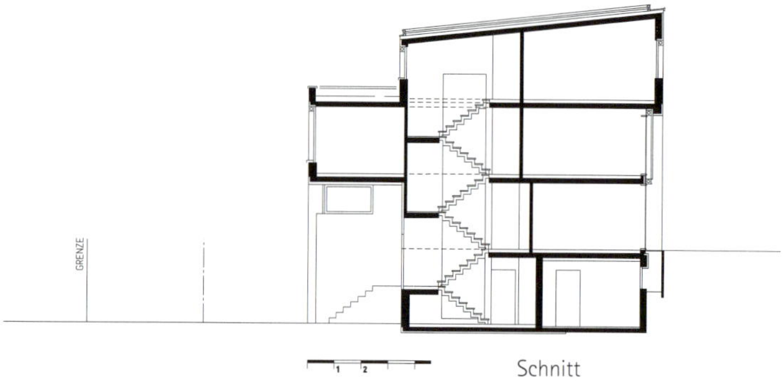


Schnitt

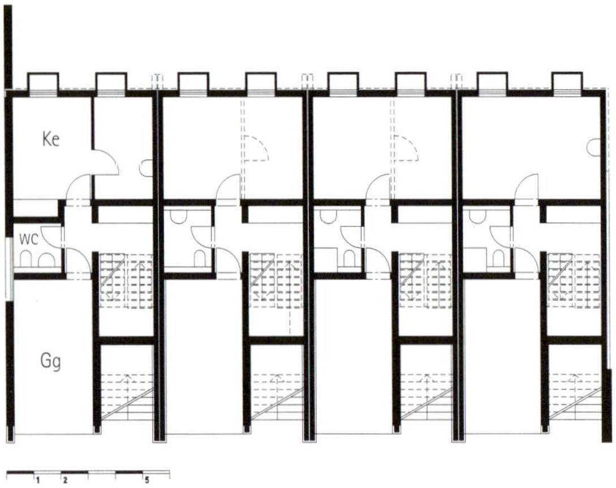


Untergeschoss

Erdgeschoss

Oben: Wohn- und Essbereich gehen ineinander über.
Rechts: Der lichtdurchflutete Wohnraum öffnet sich hin zum Garten.

Konstruktionsprinzip: Massivbauweise: Untergeschoss Stahlbeton, Obergeschosse Kalksandstein; begrünte Massivdächer
Wohnfläche: 150 m² zzgl. 29 m² Keller
Baukosten: ca. 1350 €/m² (Keller eingerechnet)
Fertigstellung: 2000

Fotos: Frank Burgemeister, Pfullingen, und Karl Scheuring, Reutlingen

Obergeschoss

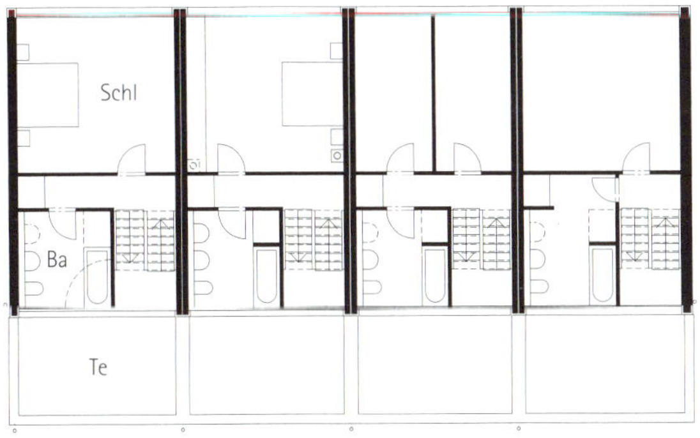


Dachgeschoss

# Passiv variabel Wohnriegel in Dornbirn

Eine Änderung der Voralberger Baugesetze ermöglichte vor dem Panorama des Bregenzer Waldes die Ausführung eines schlichten Holzriegels mit neun Reihenhäusern und einer integrierten Gemeinschaftseinheit: Waren bisher massive Brandwände auf Grundstücksgrenzen gefordert, können diese seit einiger Zeit durch F60-Konstruktionen in Holzbauweise ersetzt werden.

Dies machte sich Johannes Kaufmann für die Ausführung seines Projekts, in dem auch er selbst ein Haus bezog, zunutze und plante einen hoch wärmegedämmten Holzrahmenbau mit Massivholzdecken. Diese blieben zunächst ohne weiteren Aufbau, der zu einem späteren Zeitpunkt nachgerüstet werden kann, sofern dies beispielsweise aus Schallschutzgründen gewünscht würde. Ohnehin handelt es sich bei dem auch außen mit Holz verkleideten Zweigeschosser eher um ein »Basishaus«, geeignet zum Selbstausgestalten durch die Bewohner und zum einfachen Anpassen an geänderte Bedürfnisse späterer Nutzer. Festgelegt wurde lediglich die Lage der Kochzeile im Erdgeschoss, des Bades im Obergeschoss sowie der Toiletten. Darüber hinaus können beliebig Räume mit Innenwänden in Leichtbauweise abgetrennt werden – auch wenn dieser Beliebigkeit bei 86 Quadratmeter Wohnfläche dann doch Grenzen gesetzt sind.

Werden keine Unterteilungen vorgenommen, bietet das Erdgeschoss als offener Wohn-/Essbereich mit Kochzeile durchaus eine gewisse Großzügigkeit – trotz geringer Gesamtwohnfläche. Während der warmen Jahreszeit vergrößert sich der Wohnraum um eine vorgelagerte Terrasse im unteren Geschoss sowie einen Balkon darüber, im Winter ermöglichen große Fensterflächen zumindest die optische Einbeziehung des Außenraumes. Aufgrund der Süd-West-Ausrichtung werden somit zugleich solare Wärmeenergiegewinne nutzbar gemacht, passend zum Passivhaus-Konzept der Häuser. Deren Beheizung erfolgt regulär über die kontrollierte Be- und Entlüftungsanlage, sollte diese einmal nicht ausreichen, steht eine gemeinschaftliche Holz-Pellets-Heizung zur Verfügung.

Die Hauszeile gibt sich als flacher, gestreckter Riegel.

Die schlichte Form kommt vor dem Dornbirner Bergpanorama besonders gut zur Geltung.

Das Erdgeschoss ist als durchgehender Einraum konzipiert.

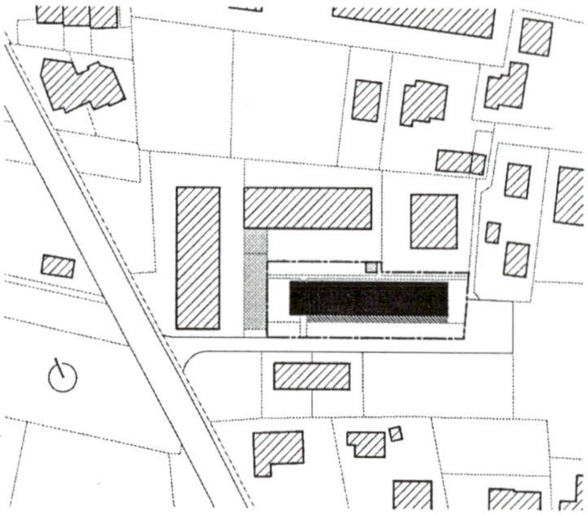

Lageplan

**Konstruktionsprinzip:** vorgefertigte Holzrahmenkonstruktion mit insgesamt 280 mm Mineralfaser-Wärmedämmung; massive Fichtenholzdecken
**Wohnfläche:** 86 m²
**Baukosten:** ca. 1585 €/m²
**Fertigstellung:** 2003

**Fotos:** Ignacio Martínez, Lustenau

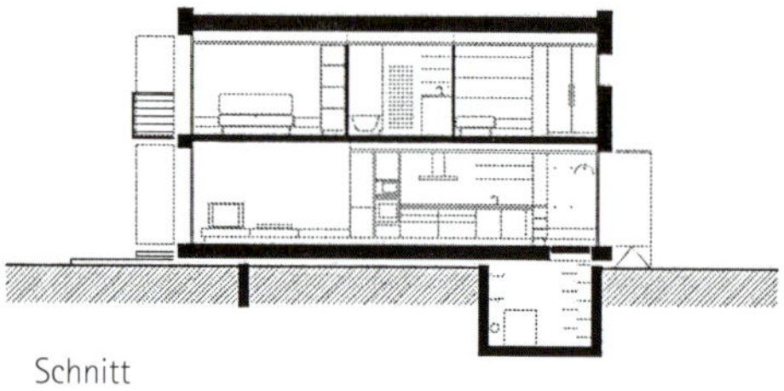

Schnitt

Die Fassade wird von den feingliedrigen, horizontal angeordneten Holzlamellen und großen Glasflächen bestimmt.

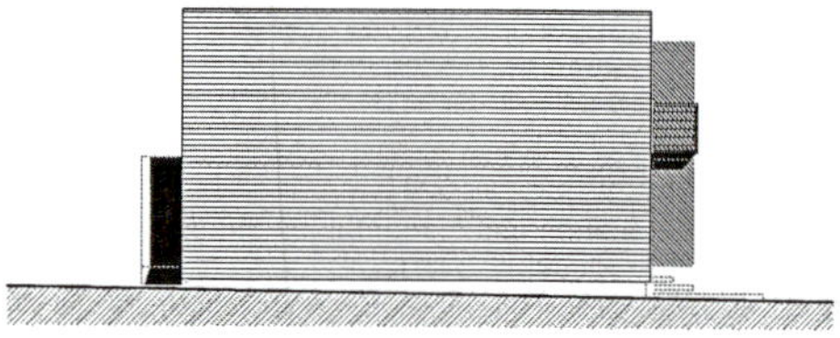

Ansicht West

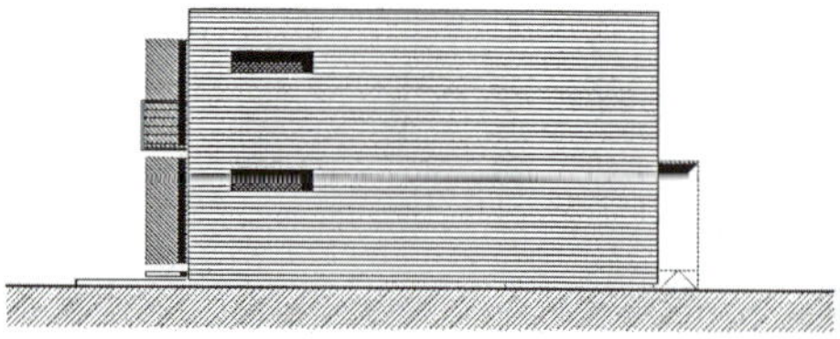

Ansicht Ost

Obergeschoss

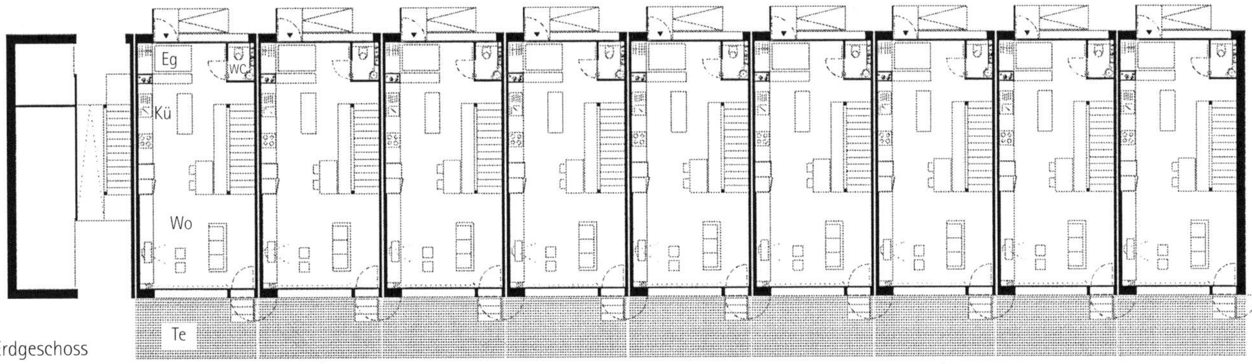


Erdgeschoss

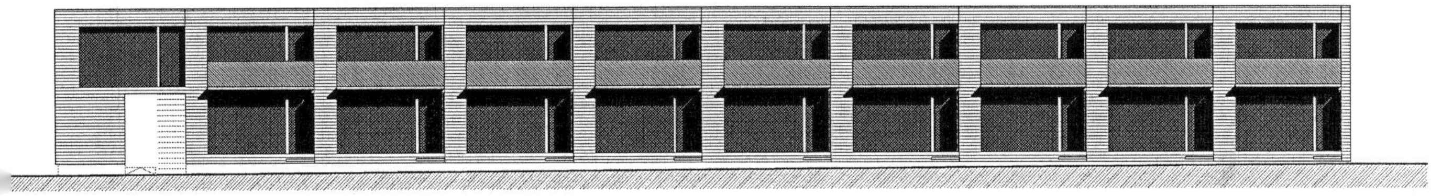

Ansicht Süd

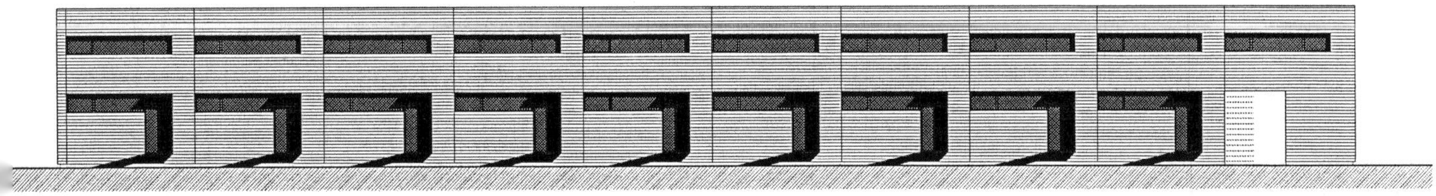

Ansicht Nord

# Eingepasst – nicht angepasst Doppelhaus in Berlin

Eine kopfsteingepflasterte, geradlinige Straße, abends von Gaslaternen beleuchtet, daran in üppig begrünten Gärten beidseitig aufgereiht etwa 20 Siedlungshäuser aus den 1930er Jahren: würfelförmige »Kaffeemühlen« mit Walmdach und Vier-Fenster-Fassade, Holzklappläden. In dieser Einheitlichkeit präsentiert sich auch heute noch die kleine »Gagfah«-Siedlung in Berlin. Kriegsbedingt gab es zwei Lücken, eine davon wurde von Silke Straub-Beutin und Olaf Beutin geschlossen.

Wirtschaftliche Gründe bedingten den Bau eines Doppelhauses, dessen Entwurf aus dem Charakter der Siedlung entwickelt wurde. Die Kubatur, die Trauflinie des massiven Baukörpers, das Vier-Fenster-Gesicht zur Straße sowie die verputzte Fassade mit tiefen Fensterlaibungen lassen eine Verwandtschaft zu den umliegenden Häusern erkennen, dennoch spricht das Gebäude die architektonische Sprache unserer Zeit. Die Formate der Fenster – nun ohne Klappläden – wurden auf heutige Bedürfnisse nach lichtdurchfluteten Räumen und der optischen Verbindung von Außen- und Innenraum abgestimmt.

Sehr sensibel wurde das Haus in drei Richtungen gegenüber den umliegenden »Kaffeemühlen« erweitert: durch große Lichtschächte wurde der Keller hochwertig nutzbar gemacht, Stahlstützen bringen das Dach zum Schweben und schufen somit Raum für ein zurückgesetztes, vollverglastes Wohngeschoss, in der Tiefe wurde der gesamte Baukörper gestreckt, kenntlich durch den mit Holzlamellen verkleideten Bereich der Fassade. Es entsteht der Eindruck, man könne ohne Probleme das Dach herunterfahren, das Gebäude zusammenschieben und es somit an die Maße der Umgebungsbebauung anpassen. Doch Ziel der Architekten war es nicht, den Neubau anzupassen, sich anzubiedern, sondern ihn einzupassen, sich einzufügen, ohne die eigene Identität zu verleugnen.

Auch im Inneren ist der Entwurf so schlicht wie überzeugend: mittig wurde ein Kern angeordnet, der neben der Treppe im Erdgeschoss den Kochbereich, ansonsten Bäder aufnimmt. An den Kern anschließend finden sich in jedem Geschoss der innen nur 4 Meter breiten Haushälften zwei quadratische Räume, zur Straße und zum Garten orientiert.

Ein wesentliches Merkmal, das entscheidend zur architektonischen Qualität beiträgt, ist die Durchdetaillierung vieler Punkte: sei es das schon erwähnte schwebende Dach oder die als »Zickzack-Wand« ausgebildete Betonscheibe der Treppe. Nicht nur auf die Ästhetik, auch auf das Raumgefühl wirken sich Maßnahmen wie raumhohe Türen und kleinteilige Bodenbeläge aus. In den Wohnräumen fand Industrieparkett Verwendung, Glasmosaik in den Bädern.

Links und rechte Seite: Die Form des Hauses greift die Architektur des Vorgängerbaus auf. Dessen Kubatur wurde in der Tiefe aufgeweitet, das Dach wurde angehoben.

Konstruktionsprinzip: Massivbau (Ziegel), beidseitig verputzt
Wohnfläche: ca. 120 m²
Baukosten: ca. 1150 €/m²
Fertigstellung: 2001

Fotos: Andrea Kroth, Berlin

Trotz einer Rauminnenbreite von lediglich 4 Metern wirken die beiden Haushälften alles andere als beengend.

Die »Aufweitung« wurde durch eine blickoffene Holzlamellenverschalung kenntlich gemacht.

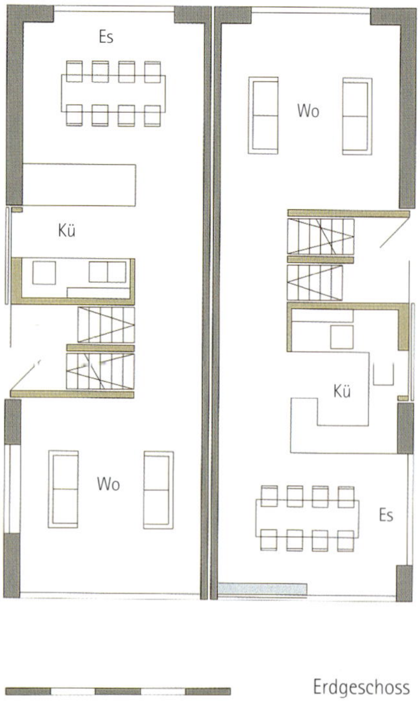


Erdgeschoss

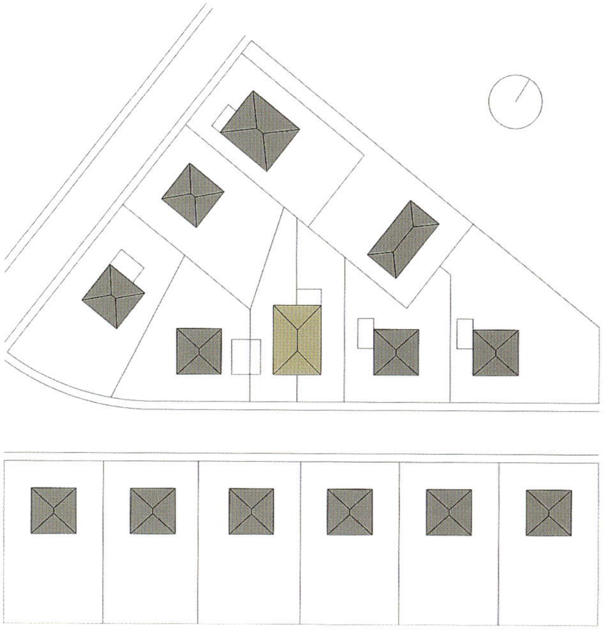

Oben: Das Dachgeschoss wurde leicht zurückversetzt.
Unten: Die Treppe wurde entlang einer massiven »Zickzack-Wand« geführt.

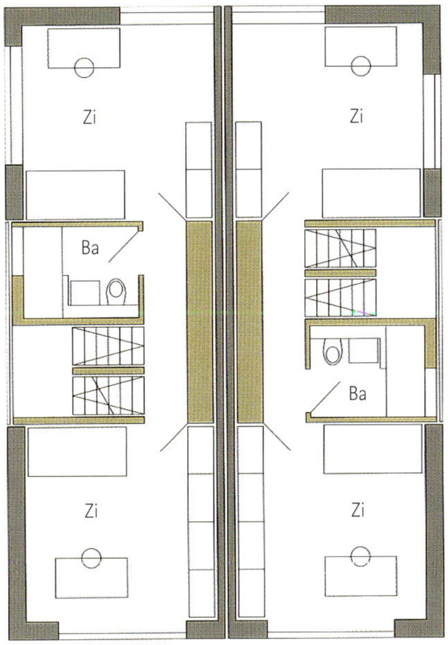


Obergeschoss

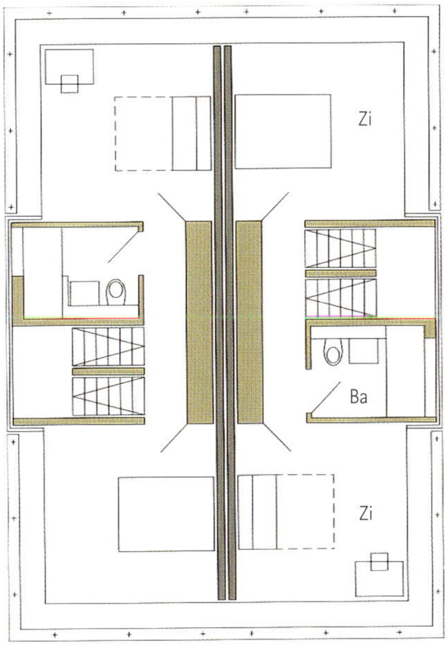


Dachgeschoss

# Gemeinschaftliche Individualität Wohnsiedlung in Harbach

Eine Siedlung mit 60 Wohneinheiten in ähnlicher Architektur, Doppel-, Reihen- und Mehrfamilienhäuser verteilt auf knapp zwei Hektar – man meint, die ghetto-gleiche Atmosphäre, den eintönigen Städtebau, die nichts sagende Gestaltung schon vor Augen zu haben bei dieser Beschreibung.

Architekt Albert Wimmer und sein an anspruchsvoller Architektur interessierter Bauherr bewiesen auf einem geschwungenen Südhang, dass es auch anders geht. Wimmer setzte dem Schwung des Geländes eine lineare, aber keineswegs stereotype Gliederung entgegen. Einem Rastersystem folgend fügte er die einzelnen Baukörper ein, durch Spielen mit diesem System schuf er ein interessantes Gewebe ineinander übergehender Freiräume und Grünzüge. Die alternierende Anordnung der Gebäude sorgt für spannende Durchblicke und deren Unterbrechung. Ziel war es, möglichst gleichwertige Bauplätze im gesamten Wohngebiet zu erhalten sowie eine Umgebung, die einerseits nachbarschaftliche Kontakte fördert, andererseits aber auch Individualität und Privatheit ermöglicht.

In den einzelnen Häusern spiegelt sich dieser Gedanke wider: Sie stellen jeweils die Variation eines Systems dar und bieten durch die immer wiederkehrende Verwendung gleicher Motive ein einheitliches Gesamtbild: die Erdgeschosszonen wurden jeweils weiß verputzt, oberhalb eine Lärchenholz-Verschalung angeordnet. Auch die Trennwände zwischen den Terrassen sowie der Sonnenschutz – bei ähnlichen Wohnanlagen häufig ein unästhetischer Querschnitt durch das Baumarktsortiment – wurden hier einheitlich als Betonfertigteile beziehungsweise Aluminiumlamellen vorgesehen.

Im Inneren wurden die 18 Doppelhaushälften im Rahmen des Möglichen individuell nach den Vorstellungen der zukünftigen Bewohner aufgeteilt: So findet sich im Erdgeschoss der Wohnbereich mit offener oder geschlossener Küche, darüber Schlafräume mit Badezimmer und im Dachgeschoss ein Studioraum mit vorgelagerter Dachterrasse, die einen recht großflächigen, intimen Freibereich darstellt.

Den Doppelhäusern ähnlich im Entwurf sind die 20 Reihenhäuser, aufgeteilt auf vier Zeilen mit jeweils fünf Einheiten. Mit 120 Quadratmeter Wohnfläche fielen sie allerdings deutlich kompakter aus.

Zwei Mehrfamilienhäuser mit insgesamt 22 Wohnungen komplettieren die Anlage, die zeigt, dass auch derartige Siedlungen einen hohen Wohnwert haben können.

Links und rechte Seite: Einheitliche Elemente wie die Holzverschalung der oberen Geschosse und der Aluminium-Sonnenschutz prägen das Bild, die Siedlung wirkt dennoch nicht eintönig.

Konstruktionsprinzip: Massivbauweise
Wohnfläche: 120 m² (Reihenhäuser); 150 m² (Doppelhäuser)
Baukosten: ca. 1300 €/m²
Fertigstellung: 1999

Fotos: Gerald Zugmann, Wien

Mehrfamilienhaus

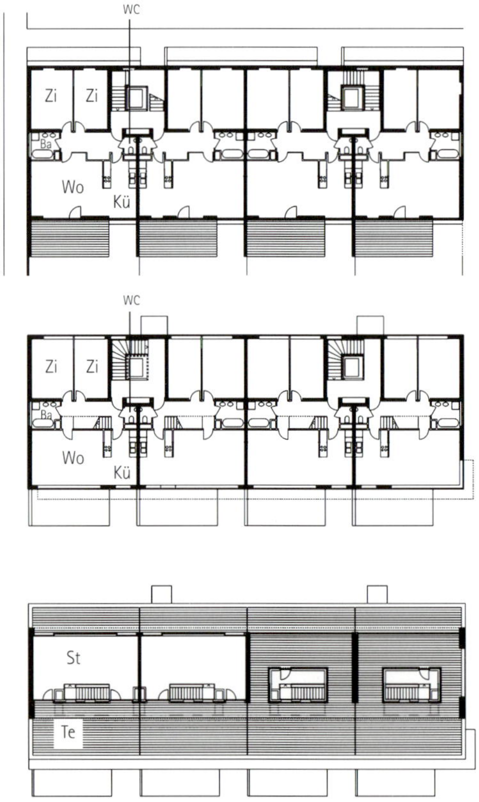


Reihenhaus

Linke Seite und oben: Grünzüge und Fußwege durchziehen die Siedlung. Sie ist auf einem Rastersystem aufgebaut, das Architekt Wimmer zu einer lebendigen Struktur transformierte.

Doppelhaus

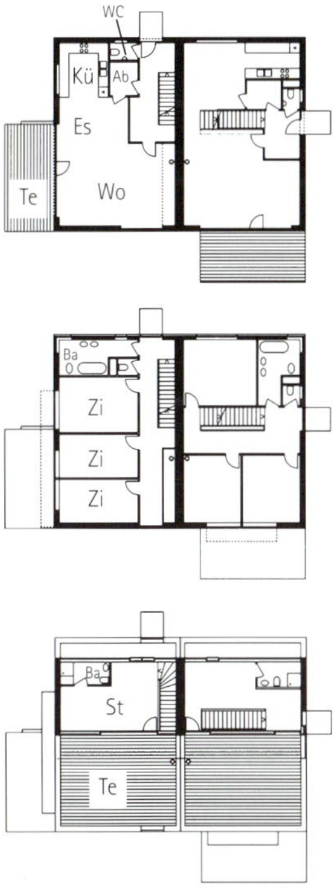


Lageplan

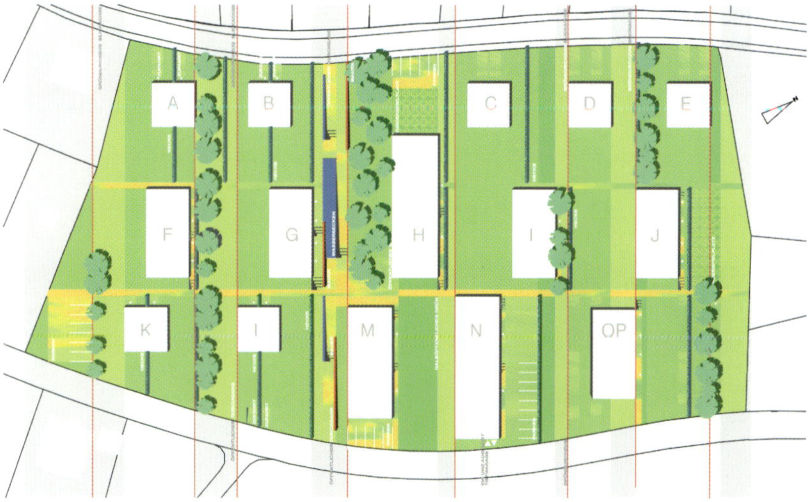

# Verdichtet-Intim Atriumhäuser in Wien

Als Erstplatzierte eines geladenen Wettbewerbs realisierten Professor Helmut Hempel und Irmo Hempel zehn Doppelhäuser in unmittelbarer Nähe zum Lobau-Nationalpark in Wien-Essling. Ziel des Entwurfes war es, trotz verdichteter Bauweise den Charakter der Häuser an den frei stehender Einfamilienhäuser anzunähern. Die einzelnen Einheiten wurden daher mit ihren Schmalseiten aneinander gebaut und es wurde ihnen ein möglichst intimer, zumeist hofartig ausgebildeter Garten zugeordnet. Hierzu wurden die Rückwände der Häuser weitgehend geschlossen, lediglich ein schmales Fensterband unter der Decke belichtet die Küche. Zwischen den Gärten zweier benachbarter Häuser wurden Abstellhäuschen als Trennelemente platziert.

Um die Gartenflächen nicht unnötig zu verkleinern und die Qualität des Ausblicks ins Grüne zu nutzen, wurden die Gartenterrassen auf das Dach verlegt, hier zudem nochmals geschützter vor unerwünschten Einblicken. Erreichbar sind sie über einen Atelierraum im Staffelgeschoss, der nach Vorstellung der Architekten beispielsweise als Arbeitsbereich für Teleworker dienen könnte. Eine Vielzahl weiterer Nutzungsmöglichkeiten ist denkbar; anbieten würde es sich, hier einen lichtdurchfluteten Wohnraum einzurichten, der auch im Winter vom gebotenen Ausblick profitieren würde. Insbesondere eine Alternative für die nördlichen Haushälften der überwiegend in Nord-Süd-Ausrichtung stehenden Gebäude. Während die Südfassaden in Gänze mit einer Pfosten-Riegel-Fassade verglast wurden, geben sich jene in den unteren Geschossen recht geschlossen. Dort befinden sich der eigentlich vorgesehene Wohnraum mit angeschlossener Küche sowie zwei Schlafräume im Obergeschoss.

Die vertikale Verbindung zwischen den Geschossen übernimmt eine beinahe skulpturale Treppe, die sich im Material des Parkettbodens aus diesem entwickelt und von einem flächigen, raumhohen Stahlgitter begrenzt wird.

Nicht minder skulptural geben sich die dynamisch-diagonalen Stahl-Pergolen vor den Südfassaden, die durch ihren Bewuchs im Laufe der Zeit die Architektur in die Natur einbinden sollen.

Links: Auf den Dächern fanden Atelierräume und ungewöhnlich große Dachterrassen Platz.
Rechts: Markantes Merkmal an den Südfassaden sind diagonale Stahl-Pergolen, die im Laufe der Zeit von Rankpflanzen in Besitz genommen werden sollen.

Oben: Die Häuser stehen in unmittelbarer Nähe des Lobau-Nationalparks.

Die meisten der Häuser werden über intime Innenhöfe erschlossen.

 Architekten: Hempel & Hempel, Wien

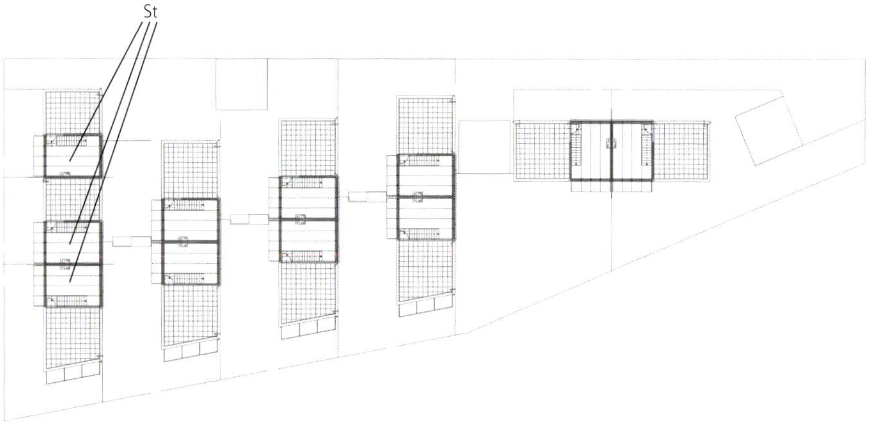


Dachgeschoss

Obergeschoss

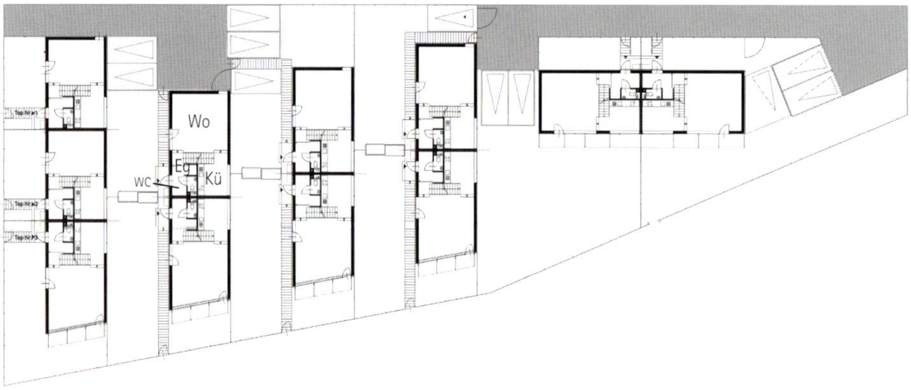


Erdgeschoss

Konstruktionsprinzip: Ziegelbauweise
Wohnfläche: ca. 112 m²
Baukosten: ca. 1100 €/m² (Teilunterkellerung und Garagen eingerechnet)
Fertigstellung: 2000

Fotos: Margherita Spiluttini, Wien

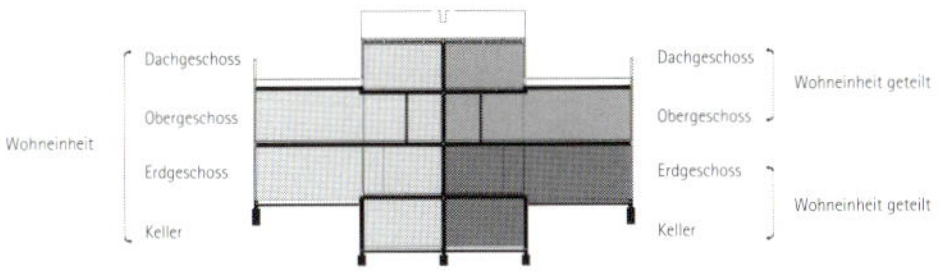


Teilungsmöglichkeit, Mehrgenerationenwohnen

mögliche Teilung in 2 getrennte Wohneinheiten
mit separatem Eingang (z.B. Generationenwohnung

Oben rechts: Vom lichten Atelierraum kann man einen weiten Ausblick genießen.
Rechts: Skulptural steht die Treppe im Raum.
Unten links und rechts: Der Wohnraum lässt sich nach außen mit Holzschiebewänden variabel abschotten.

# Erweitertes Doppelhaus Dreispänner in Münster

Je näher man dem Haus des Münsteraner Architektenehepaares Abdelkader kommt, desto »schwereloser« wird es. Die filigrane Struktur der Verkleidung aus horizontalen Lärchenholzlamellen nimmt dem klar gegliederten Baukörper jegliche Massivität, gibt ihm dafür eine ruhige, warme Ausstrahlung. Diese setzt sich im Inneren fort. Durch ein großzügig wirkendes Entree gelangt man in den lichtdurchfluteten Wohn-/Essraum und spätestens hier vergisst man, sich in dem Endhaus einer Reihenhauszeile zu befinden. Zugegeben, diese fiel mit gerade mal drei Einheiten recht kompakt aus und auch aufgrund der Gesamtarchitektur könnte man wohl eher von einem Doppelhaus sprechen, das mittig um eine Einheit erweitert wurde. Um den Wohn-/Essraum herum entwickelten die Architekten den Entwurf ihres Hauses. Mit der offen anschließenden Küche nimmt er nahezu das gesamte Erdgeschoss ein und erstreckt sich über dem Essplatz in der Höhe über zwei Geschosse. Die hier raumhohe Giebelverglasung unterstützt das Gefühl von Großzügigkeit, ein außenseitig anschließender Holzsteg verbindet Innen- und Gartenraum. Gegenüber der Glasfassade wurde ein durch das gesamte Gebäude reichendes Regal angeordnet, um das sich die Treppe windet. Über diese gelangt man zu den beiden Kinderzimmern im ersten Obergeschoss, die über Innenfenster in Sichtbeziehung zum Essbereich stehen. Besonders interessant: die Konstruktion des Schlafbereichs im zweiten Obergeschoss; es wurde über dem Essplatz vom Dachstuhl abgehängt. Im Untergeschoss befindet sich das Architekturbüro der Bauherren, davor ein Lichthof in der Tiefe des Gebäudes.

Ungewöhnlich für Reihenhäuser: Entsprechend dem nach außen gezeigten Material wurde der Dreispänner als Holz-Rahmenbau ausgeführt. Doch nicht nur die »Materialehrlichkeit« war ausschlaggebend für diese Bauweise, sondern auch die hierdurch erreichte kurze Bauzeit: trotz etlicher Eigenleistungen verging vom Aushub bis zum Einzug gerade mal ein halbes Jahr. Ungewöhnlich für die Konstruktionsart: Die Zwischendecke oberhalb des Erdgeschosses wurde aus Spannbeton-Fertigteilen gefügt. Aufgrund des Wunsches nach einer glatten, weißen Untersicht war dies die kostengünstigste Lösung. Als weitere Vorteile ergaben sich die somit eingebrachte Wärmespeichermasse und der prinzipiell gute Schallschutz, der allerdings aufgrund der leichten Flanken verringert wird.

Als ökologisch sinnvolle Option für die Zukunft wurden entsprechende Vorrüstungen zur solaren Brauchwassererwärmung installiert, ein offener Kamin ergänzt die gasbetriebene Fußbodenheizung, die dank hohen Sonnenenergieeintrags sparsam betrieben werden kann.

Oben und linke Seite: Charakteristisch für den formal zurückhaltenden Entwurf sind die sich aus der Fassade heraus entwickelnden Gauben. Die äußerst filigrane Holzverschalung nimmt dem Baukörper seine Massivität.

Der offene Kamin fungiert
als Raumteiler zwischen
Wohn- und Essbereich.

Zentrum des Hauses ist der über zwei Geschosse in die Höhe greifende Essplatz.

Oben: Leichte Sonnensegel aus Stoff machen die Terrasse zum sommerlichen Wohnraum.
Unten: Durch eine großzügige Abgrabung entstand vor dem Untergeschoss ein großzügiger, intimer Hof. Er wird von einer Brücke überspannt, die die Fortführung des Essbereichs in den Garten bildet.

Konstruktionsprinzip: Holzrahmenkonstruktion mit Zelluloseflocken-Wärmedämmung, Installationsebene auf der Innenseite der Außenwände, eingelegte Spannbetondecken, Keller als »Weiße Wanne«
Wohnfläche: 174 m² inkl. Bürofläche im Untergeschoss
Baukosten: ca. 1040 €/m²
Fertigstellung: 2002

Fotos: Klemens Ortmeyer, Braunschweig

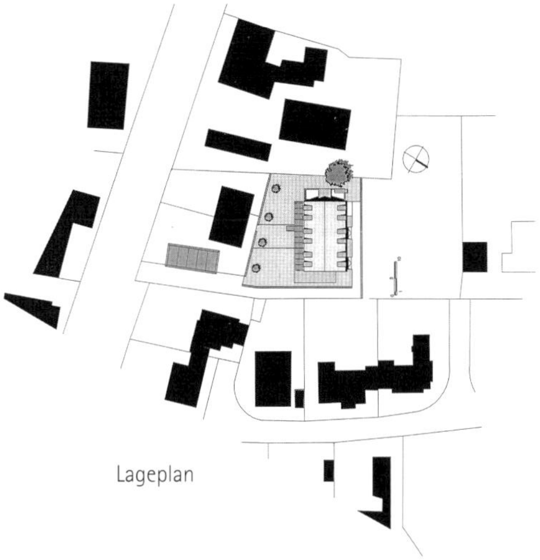

Lageplan

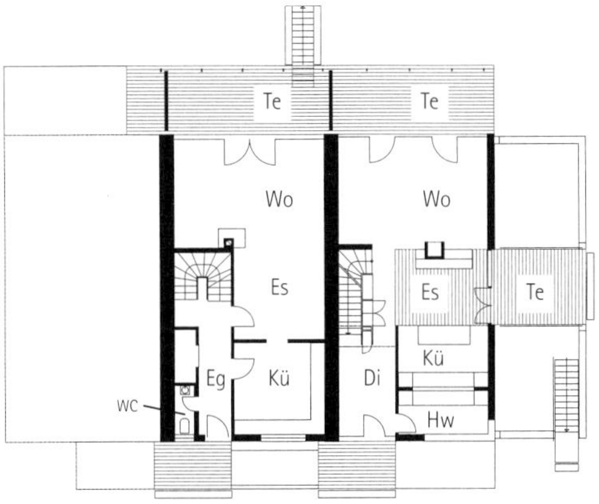


Erdgeschoss

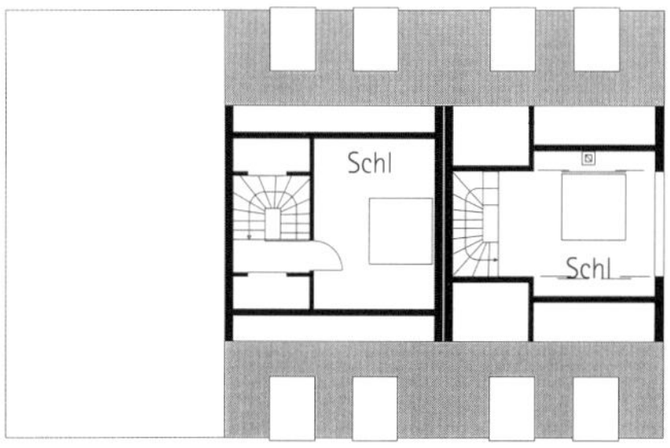


Dachgeschoss

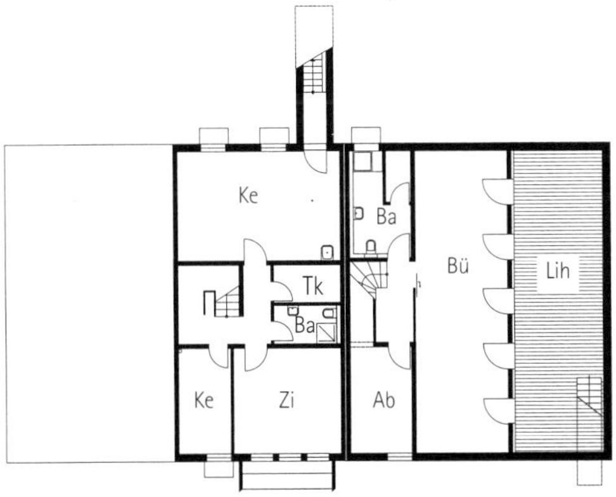


Kellergeschoss

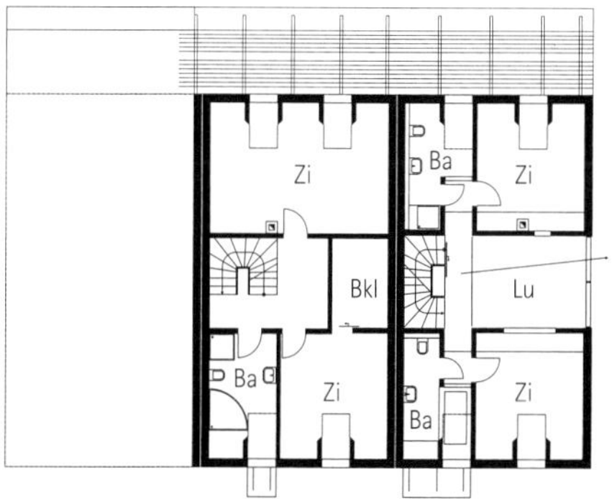


Obergeschoss

# KunstHaus Atelierhäuser in Luzern-Emmenbrücke

Die Extravaganz des Entwurfs ist vorhersehbar, wenn eine Künstlerin und ein Kulturvermittler Jürg Graser mit der Planung ihres Hauses beauftragen. Der Zürcher Architekt machte bereits mehrfach durch unkonventionellen Einsatz von Materialien und ausgefallene Konstruktionen, wie Glashüllen oder Stahlskelettkonstruktionen im Wohnhausbau auf sich aufmerksam.

Sein wohl außergewöhnlichster Bau allerdings ist dieses »Doppelwohnhaus mit zwei Atelierräumen«. Nur wenige Neubauten verraten so viel über die Philosphie ihrer Bewohner und Nutzer wie die Graser'sche Architektur-Skulptur. Unternehmen wir den Versuch einer sachlichen Beschreibung: Über jeweils etwa quadratischer Grundfläche erheben sich die beiden entwurflich identischen Einheiten, ihr unteres Geschoss ein Einraum als Atelier, darüber die Wohnung: wiederum jener Einraum, von dem zwei Schlafräume – hier Kojen genannt – abgetrennt wurden. Die östliche Einheit wurde geschosshoch aufgeständert, sodass darunter eine vielfältig nutzbare überdachte Freifläche entstand, beide »Haushälften« wurden über eine stählerne Treppe verbunden, der einzigen vertikalen Erschließung des gesamten Gebäudes.

Während sich die Schmalseiten vollflächig nach außen öffnen, wurden die markant schrägen Längswände sowie das sich aus diesen fortsetzende Dach textil überspannt. Die Idee zu diesem Identität stiftenden Charakteristikum ergab sich aus den Banalitäten der Baugesetzgebung des Kantons Luzern: die massive Holzkonstruktion, aus der Wände und Dach bestehen, musste aus Gründen des Brandschutzes mit einer Blechverkleidung versehen werden, diese wiederum bedurfte eines Hagelschutzes, den nun die textile Bespannung übernimmt.

Somit setzt sich das verschlossene und zugleich so transparente Gebäude nun deutlich ab von der umgebenden bürgerlich-heterogenen Bebauung des vergangenen Jahrhunderts. Dabei steht es zugleich in der Tradition seines Ortes, denn an gleicher Stelle stand das Haus des Malers Hans Emmenegger (1866–1939), der hier von 1891 bis zu seinem Tod lebte und arbeitete. Der Genius Loci ist also künstlerischer Natur. Dennoch wurden bei der Planung auch rationale Aspekte wie die Beheizung nicht vernachlässigt: Sie erfolgt ausschließlich über eine Erdwärmepumpe.

Entwürfe wie dieser bringen es mit sich, die Gemüter zu spalten. Machen sie das auf derart unaufdringliche Weise wie im vorliegenden Fall, sollten ihnen Kritiker zumindest diese Zurückhaltung mit einer gewissen Sympathie honorieren.

Rechte Seite: Äußerst unkonventionell wirkt der mit Textil überspannte Holzbau mit schrägen Wänden. Im Bereich des mittigen »Treppenhauses« zeigt sich das Material der Bespannung transluzent bis transparent.

Linke Seite und rechts: Die stählerne Industrie-Ästhetik des Treppenaufgangs entspricht wohl kaum der üblichen Vorstellung von Treppen in Doppelhäusern. Die Wohn- und Atelierräume schließen über Glasfassaden an.

Über dem Treppenaufgang wurde eine Dachterrasse angeordnet.

Konstruktionsprinzip: Wände als vorgefertigte Massivholzelemente, Decken als Hohlkastenelemente, Blecheindeckung, Textilüberspannung
Wohnfläche: 288 m²
Baukosten: ca. 2570 sFr/m²
Fertigstellung: 2003

Fotos: Thomas Jantscher, Colombier

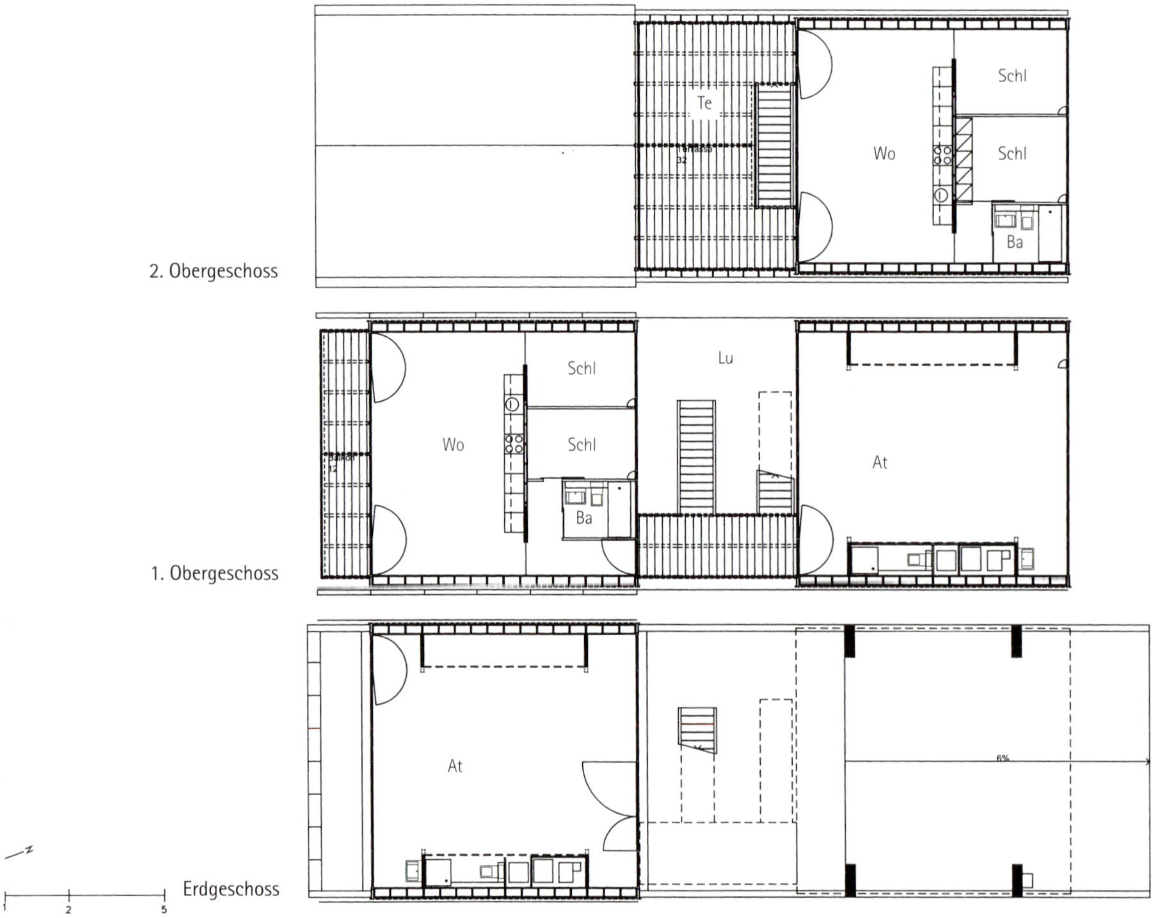


2. Obergeschoss

1. Obergeschoss

Erdgeschoss

So geschlossen wie die Längsseiten, so offen geben sich die Schmalseiten. Der nördliche Teil des Hauses wurde um eine Geschosshöhe aufgeständert.

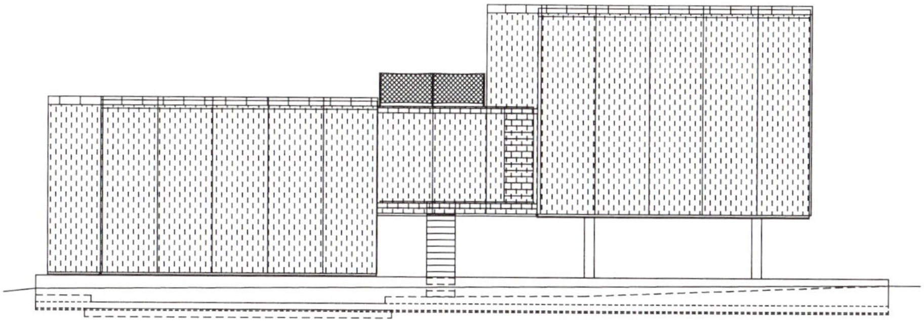

Ansicht Ost

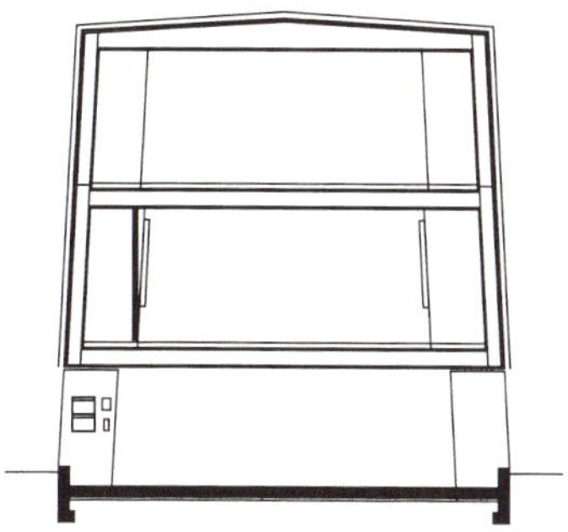

Querschnitt

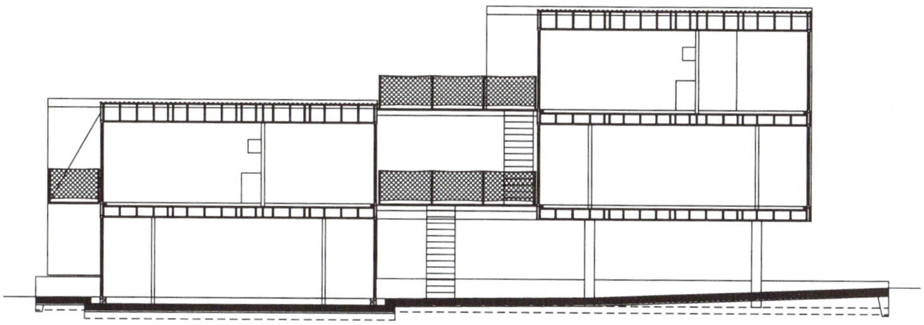

Längsschnitt

# Purer Purismus Doppelhaus in Münchenstein

Achatfarben gestrichen, zeigt das Doppelhaus der Architekten Steinmann & Schmid bei genauerem Hinsehen weitere Äquivalenzen mit jenem Halbedelstein: Nach außen gibt es sich schlicht, passt sich rein formal seiner Umgebung an, doch im Inneren der auf diesen Seiten präsentierten östlichen Haushälfte offenbart sich ein kristallines Raumgefüge, das der Blick auf den harmlos erscheinenden Grundriss nur erahnen lässt. Man tritt an der nahezu vollflächig geschlossenen Nordfassade ein, durchquert die gut 2 Meter breite Erschließungs-/Sanitärzone, die sich konsequent durch beide Haushälften zieht und gelangt in den lichtdurchfluteten Wohnbereich mit offener Küche. Dieser geht an der Süd- und Ostfassade durch bodentiefe, nahezu vollflächige Verglasung ins Freie über, eine Terrasse bildet den Übergang zum Garten.

Die als »Himmelsleiter« einläufig durch das Gebäude verlaufende Treppe verbindet das Erdgeschoss mit einer Emporenlandschaft in den Obergeschossen, die über großformatige, rahmenlose Fenster die Landschaft in definierten Ausschnitten gemäldeartig ins Haus holt. Als Streifen durchlaufende Dachflächenfenster sorgen für zusätzliche Belichtung, abgeschlossene Schlafräume schließen sich an die offenen Räume der Emporen an.

Die skulpturale Formgebung in Verbindung mit der Belichtung machen die besondere Ästhetik der Innenräume aus, die allerdings erst in Verbindung mit der ebenfalls auf die Spitze getriebenen Materialität und Farbgebung voll zur Geltung kommt: schwarze Böden, weiß verputzte Wände und Decken – das war's! Weder Fensterrahmen noch Handläufe an der Treppe oder Fußleisten mindern das radikal puristische Bild.

Wie kommt es zum Bau eines derart extravaganten Gebäudes? Die Bauherren wandten sich ursprünglich an die Architekten mit dem Wunsch, das geerbte Elternhaus umzubauen und zu erweitern, konnten aber von den in diesem Fall vorliegenden Vorteilen eines Neubaus überzeugt werden. Steinmann & Schmid interpretierten die Form des alten 1950er-Jahre-Hauses neu – ohne Überstände und Schnörkel – und verlängerten sie in die 800-Quadratmeter-Parzelle hinein. Somit ergab sich die Möglichkeit, die westliche, etwas kleinere Haushälfte anzufügen.

Links und rechte Seite: Die Kubatur des Neubaus greift die des Vorgängerbaus auf und verlängert diese in die Tiefe des Grundstücks. Abgesehen hiervon hat die radikal schlichte Architektur des Hauses wenig mit der des Altbaus zu tun.

Links und rechte Seite oben: Schlitz-artige horizontale Fenster sowie U-förmige Betonelemente vor den Eingängen bestimmen das Bild der Nordfassade.

Glattflächig wie das gesamte Gebäude geben sich die Metall-Garagentore.

Konstruktionsprinzip: wärmegedämmte Betonkonstruktion
Wohnfläche: 220 m² bzw. 180 m²
Baukosten: ca. 4000 sFr/m²
Fertigstellung: 2002

Fotos: Ruedi Walti, Basel

Die transparenten Glasflächen stehen fest, öffenbar sind die massiven Holzläden.

Oben: Die Galerie unter dem Dach.
Rechts: Die Innentreppe verbindet als »Himmelstreppe« die galerieartigen Ebenen.

Oben und links: Die Innenraumstruktur mit glatten Oberfläche, diffuser und direkter Belichtung wirkt wie eine Wohnskulptur.

Oben und unten: Scheinbar setzt sich das Gebäude lediglich aus Wand- und Deckenscheiben und deren Zwischenräumen zusammen. Sichtbare Fensterrahmen, Fußleisten und Ähnliches gibt es nicht.

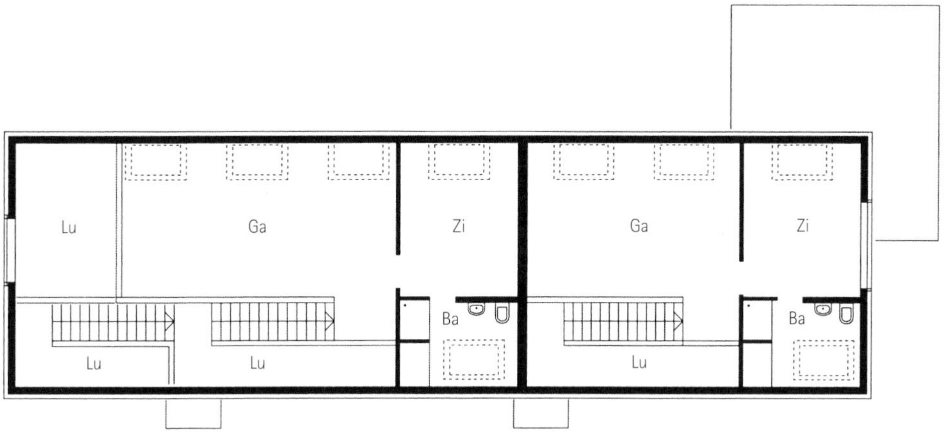


Dachgeschoss

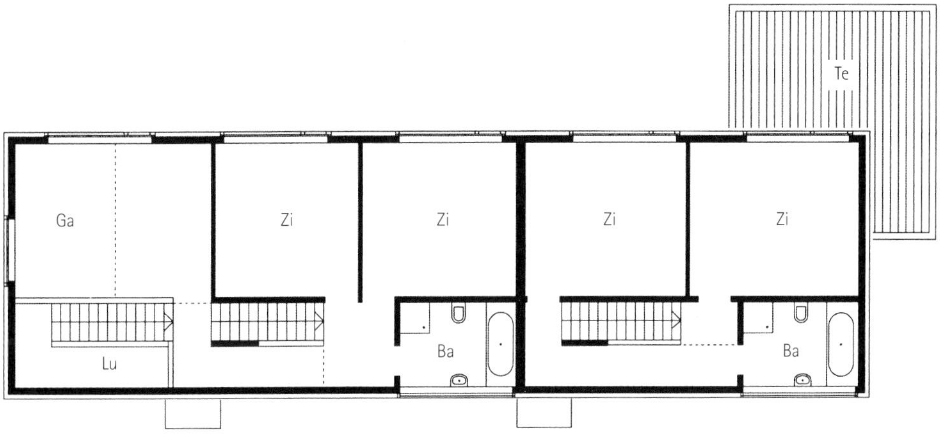


Obergeschoss

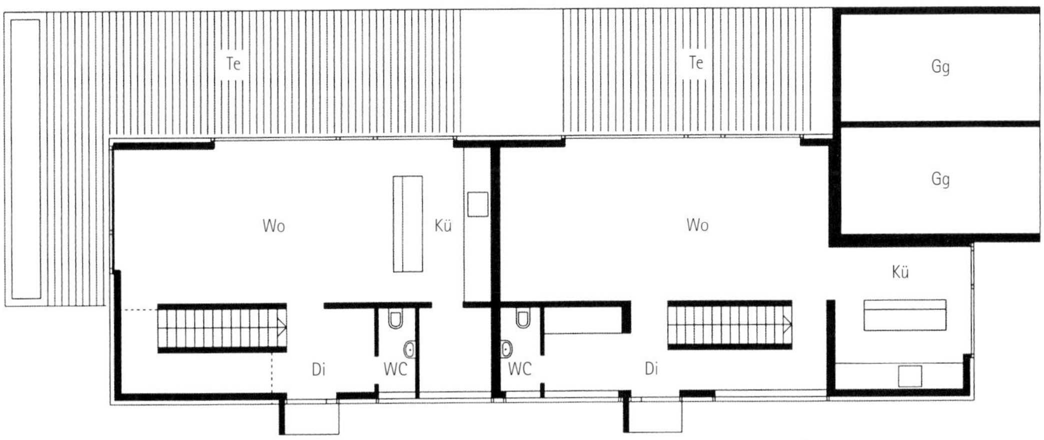


Erdgeschoss

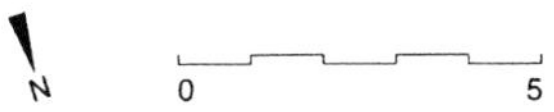

# Architektenverzeichnis

**Abdelkader Architekten BDA**
Schmeddingstraße 98
D-48149 Münster
abdelkader-architekten@t-online.de
Seite 122

**Dipl.-Ing. Frank Ahlbrecht**
**Architekt BDA + RAIV**
Cäcilienstraße 6a
D-45130 Essen
webmaster@ahlbrechtbaukunst.de
Seite 20

**a v 1 Architekten**
Kanalstraße 75
D-67655 Kaiserslautern
info@av1architekten.de
www.av1architekten.de
Seite 48

**Dipl.-Ing. Thomas Bamberg**
Freier Architekt BDA
Gartenstraße 7
D-72793 Pfullingen
bamberg.arch@baunetz.de
www.bamberg-architekten.de
Seite 102

**Berndt+Lorz Architekten**
Metzlerstraße 23a
D-60594 Frankfurt am Main
berndt-lorz-architekten@t-online.de
Seite 30 + 36

**Boch+Keller Architekten**
Eysenbachstraße 20 B
D-64297 Darmstadt-Eberstadt
boch.keller@t-online.de
Seite 72

**Ingo Bucher-Beholz, Freier Architekt BDA**
Hornstaaderstraße 33
D-78343 Gaienhofen
Seite 60 + 64

**Burhoff Architekten BDA**
Stralsundweg 8
D-48147 Münster
info@burhoff.com
www.burhoff.com
Seite 44

**Erny & Schneider Architekten BSA SIA**
St. Alban-Vorstadt 68a
CH-4052 Basel
mail@ernyschneider.ch
www.ernyschneider.ch
Seite 54

**Atelier Prof. Niklaus Fritschi, Benedikt Stahl, Günter Baum**
Architekten – Stadtplaner
Pinienstraße 2
D-40233 Düsseldorf
info@fritschi-stahl-baum.de
Seite 96

**Gasteiger Architekten**
Trappentreustraße 43
D-80339 München
gasteiger_architekten@t-online.de
www.gast-arch.de
Seite 68

**Jürg Graser, Dipl. Architekt ETH SIA**
Neugasse 6
CH-8005 Zürich
architekten@graser.ch
www.graser.ch
Seite 128

**Hempel & Hempel**
Spandlgasse 32
A-1220 Wien
hempel.hempel@vienna.at
Seite 118

**Hirschmüller Schmidt Kaschub**
Liebigstraße 50–52
D-64293 Darmstadt
public@iiii.de
www.iiii.de
Seite 92

**Karampour & Meyer Architekten**
Im Graben 12
D-34292 Ahnatal-Weimar
Seite 82

**Johannes Kaufmann Architektur**
Sägerstraße 4
A-6850 Dornbirn
office@jkarch.at
www.jkarch.at
Seite 106

**Architekturbüro Knerer & Lang**
Werner-Hartmann-Straße 6
D-01099 Dresden
architektur@knererlang.de
www.knererlang.de
Seite 26

**Leimer Tschanz Architekten**
Viaduktstraße 33
Postfach
CH-2501 Biel
dleimer@leimertschanz.ch
Seite 14

**Quick Bäckmann Quick & Partner**
**Architekten BDA**
Kaiserstraße 24
D-14109 Berlin
qbq.architekten@t-online.de
Seite 78

**Dipl.-Ing. Johanna Rosa-Cleffmann**
**Architektin**
Jungerhalde 15
D-78464 Konstanz
Seite 40

# Fotografenverzeichnis

**Schubert und Seuß Architekten**
Donnersbergring 20
D-64295 Darmstadt
architekten@schubert-seuss.de
Seite 88

**Steinmann & Schmid Architekten AG BSA SIA**
Rebgasse 21A
CH-4058 Basel
mail@steinmann-schmid.ch
www.steinmann-schmid.ch
Seite 134

**Straub Beutin Architekten**
Kreutzerweg 28
D-12203 Berlin
Seite 110

**Unger & Treina AG**
Aargauerstraße 250
CH-8048 Zürich-Altstetten
office@ungertreina.ch
www.ungertreina.ch
Seite 76

**Architekt Dipl.-Ing Albert Wimmer**
Flachgasse 53/20
A-1150 Wien
office@wimmer.at
www.wimmer.at
Seite 114

**Pascal Böni**
Staudenächerstrasse 50
CH-9403 Goldach
pascal.boeni@hawaii.com
S. 76–77

**Frank Burgemeister**
Bergstraße 21
D-72793 Pfullingen
S. 103, 104 re., 105

**Deimel & Wittmar Architekturfotografie**
Gemarkenstraße 19
D-45147 Essen
S. 20–24

**Eicken+Mack Fotografie**
Ober-Ramstädter Straße 96
D-64367 Mühltal
S. 72–75

**Fotografie Brigida Gonzalez**
Schnellweg 1
D-70199 Stuttgart
mail@fotografie-gonzalez.de
www.fotografie-gonzalez.de
S.40–43

**Petra Häubi**
Grienstrasse 69
CH-4227 Büsserach
S. 54–58

**Michael Heinrich**
Hachinger-Bach-Straße 27
D-81671 München
mhfa@mhfa.de
www.mhfa.de
S. 48–52

**Jörg Hempel Photodesign**
Ludwigsallee 59
D-52062 Aachen
info@joerg-hempel.com
www.joerg-hempel.com
S. 30–39

**Hannes Henz**
Langmauerstraße 42
CH-8006 Zürich
henz-lalive@freesurf.ch
S. 14–19

**Thomas Jantscher**
Rue des Coteaux 4
CH-2013 Colombier
thomas@jantscher.ch
www.jantscher.ch
S. 129-133

**Angelo Kaunat**
Walter-Semetkowski-Weg 26
A-8010 Graz
office@kaunat.com
www.kaunat.com
S. 68–70

**Günther F. Kobiela**
D-70182 Stuttgart
S. 60–67

**Volker Kreidler**
Friedelstraße 24
D-12047 Berlin
S. 78–79

**Andrea Kroth**
Keibelstraße 5
D-10178 Berlin
S. 110–113

**Ignacio Martínez**
Rheinstraße 26–27
A-6890 Lustenau PF 349
Ignacio.martinez@aon.at
S. 106–109

**Architekturphotographie**
Dipl.-Ing. Klemens Ortmeyer
Marienstraße 22A
D-38104 Braunschweig
kontakt@ortmeyer.de
www.ortmeyer.de
S. 44–47; 80–81; 122–126

**Karl Scheuring**
Untere Gerberstraße 19
D-72764 Reutlingen
Atelierscheuring@aol.com
S. 102, 104 li.

**Margherita Spiluttini**
Schönlaterngasse 8
A-1010 Wien
office@spiluttini.com
www.spiluttini.com
S. 118–121

**Petra Steiner**
Oranienburger Straße 32
10117 Berlin
S. 26–29

**Nicola Roman Walbeck Fotografie**
Tußmannstraße 93
D-40477 Düsseldorf
mail@architekturfotografie.de
www.architekturfotografie.de
S. 96–100

**Fotografie Ruedi Walti**
Dornacher Strasse 38
CH-4053 Basel
ruediwalti@bluewin.ch
S. 134–140

**Hong Zhang, Kassel**
Erreichbar über Karampour & Meyer Architekten
(s. Architektenverzeichnis)
S. 83–86

**Gerald Zugmann**
Schottenfeldgasse 63/ 2/15
A-1070 Wien
photography@zugmann.com
www.zugmann.com
S. 114–117

**weitere Abbildungen:**
AlBau, Aachen S. 13
Hirschmüller Schmidt Kaschub, Darmstadt
S. 92–95
Sebastian Sauer, Schubert und Seuß Architekten,
Darmstadt, S. 88–91

alle übrigen: Johannes Kottjé, Aachen

Impressum
Bibliografische Information Der Deutschen Bibliothek
Die Deutsche Bibliothek verzeichnet diese Publikation
in der Deutschen Nationalbibliografie;
detaillierte bibliografische Daten sind im Internet über
<http://dnb.ddb.de> abrufbar.

2. Auflage 2006

in der Verlagsgruppe Random House GmbH
www.dva.de

Gestaltung: Monika Pitterle
Lithografie: Fotolito Longo, Bozen
Druck: Jütte-Messedruck Leipzig GmbH, Leipzig
Bindung: Kunst- und Verlagsbuchbinderei GmbH, Leipzig
Printed in Germany

ISBN-10: 3-421-03474-5
ISBN-13: 978-3-421-03474-8